문예신서
1002

모차르트
하이든 현악4중주곡

존 어빙
(브리스틀대학교 교수)

김지순 옮김

東 文 選

모차르트: 하이든 현악4중주곡

John Irving

Mozart: The 'Haydn' Quartets

차 례

서 론

    요제프 하이든에게 헌정된 6곡의 모차르트 현악4중주(K.387, K.421, K.428, K.458, K.464, K.465)는 실내악 레퍼토리의 중심이 되었으며, 연주회 및 방송 프로그램, 최고의 전문 앙상블 연주단의 음반에서도 종종 두드러진다. 이 작품에 대한 간단한 해설은 책이나 논문을 통해 가끔 볼 수 있다. 그러나 전적으로 이 작품들을 연구한 단 한 권의 저서도——여러 세대에 걸친 음악학자들의 학문적 관점의 변화를 반영하면서 동시에 다양한 독자층에 호소력을 갖는——없다.[1]

    〈하이든 4중주곡〉은 모차르트의 가장 유명한 작품들 중 몇 개, 예를 들면 K.458 일명 '사냥'과 K.465 '불협화음' 등을 포함한다. 앨프레드 아인슈타인은 〈하이든 현악4중주곡〉에 관하여 "모차르트가 완전한 자신을 발견했으며…… 단지 음악 그 자체로 작곡된 음악"이라는 찬사를 보냈다.[2] 〈하이든 현악4중주곡〉은 모차르트의 가장 유명한 선율 작법과 대위법으로 종종 더욱 활기차며, 동시에 가장 세련된 작곡 기법을 포함한다. 물론 대위법은 모차르트의 초기 현악4중주곡(K.155-60, K.168-73)에서도 중요한 역할을 하였다. 그러나 초기 작품에서 대위법은 강점이라기보다는 약점으로 간주되는데, 그 이유는 예측하기 쉽고 균형잡힌 규칙적 악구 구조와 단순한 화성 및 우아한 선율이 지배적인 '갈랑' 양식과 엄격한 푸가 작법이 거의 통합되지 않은 채 나타나기 때문이다. 결과적으로 1770년대 현악4중주에 사용된 엄격한 푸가 작법은 실제로 1770년대초 양식의 위기를 반영하는 다양한 표현적 유형의 어색한 분열을 드러낸다.

    이러한 음악 양식의 위기는 그 무렵 윤곽을 막 드러내는 고전주의 양식에서 선율 및 화성을 통합하려는 새로운 방식으로 해결점을 모색하게 되는데, 결론적으로 2개의 양식 중 1개가 다른 1개의 단순한 수동적 버팀목이 될 수 없었다. 양식의 위기는 오페라의 기법에서 대부분 해결되었으나(하이든과 모차르트는 1770년대 열정적으로 오페라에 몰두했다), 실내악도 그 역할을 수행함에 있어서 결코 뒤지지 않았다. 고전주의 시대 현악 4중주가 성취한 업적 중의 하나는 음악적 짜임새, 즉 텍스처에서 드러난다. 현악4중주의 텍스처를 통하여 대위법은 선율과 통합되며, 결과적으로 정교한 '대화적' 속성은 1781-2년 사이에 작곡된 하이든의 현악4중주 op. 33의 현저한 특징이 된다. 현악4중주의 텍스처는 어떤 의미에서 동시대 루소의 사회 계약설에 역설된 사회적 책임과 개인의 자유 간의 균형이라는 계몽주의 이상의 은유적 표현이라 할 수 있다.[3] 하이든의 op. 33에서 각 성부는 각자의 개성적 주제와 리듬뿐만 아니라 다른 성부들과의 상호 관계를 통하여 당당한 독자성을 확립한다. 바로 이러한 특징은 하이든이 구매자의 관심을 자극하려고 지금은 너무 유명해진 이 작품에 붙인 '새롭고 특별한 방법'이라는 문구와 관련 있는 듯하다. 하이든의 새로운 기법은 모차르트가 1785년 하이든에게 헌정한 6개의 현악4중주에 전반적이고 구체적인 영향을 주었다.

모차르트의 〈하이든 현악4중주곡〉의 한 마디 한 마디에서 개별 악기와 텍스처의 처리는 4중주 음악어법(idiom)의 완벽한 솜씨를 증명한다. 바이올린이 주성부를 담당하는 부분에서 선율과 반주는 결코 어색하지 않으며, 제1바이올린을 제외한 다른 악기들을 위한 유명한 솔로 부분도 있다. 예를 들면 첫 곡인 K.387, G장조의 1악장에서 마디 67-72의 비올라 솔로(처음에 모차르트가 직접 연주했을지도 모른다)와 K.458의 아다지오(Adagio) 악장의 마디 18에서 높은 음역에 등장하는 첼로의 선율은 특히 유명하다. 텍스처의 범위는 실로 다양하여 K.387의 종악장에 등장하는 완전한 푸가토, K.428의 느린 악장의 마디 26에 특징적인 옥타브, K.421의 트리오 마지막 부분에 특징적인 2중 옥타브(피치카토가 보강하는), K.387의 안단테 칸타빌레(Andante cantabile) 악장의 강력한 유니즌 (마디 29와 85), 그리고 K.465의 미뉴에트의 시작 부분 등을 예로 들 수 있다. 선율의 장식, 성부간의 대화, 높은 음역과 낮은 음역의 대비, 레가 토와 스타카토의 대비 등 〈하이든 현악4중주곡〉에서 소외된 텍스처는 거 의 없다 해도 과언이 아니다.

악 보

〈하이든 현악4중주곡〉의 정통 악보(authentic text)를 결정하는 문제는 상당한 어려움을 제기한다. 알타리아사(Artaria)가 출판한 첫 인쇄보는(성 부 악보, Vienna, 1785년)[4] 모차르트의 자필 악보(스코어)와 상당한 차이점 을 보여 준다. 가령 현악4중주 K.458 '사냥' 은 자필 악보의 순서로 보면 네번째 곡인데, 알타리아 악보에는 세번째 순서로 등장한다.[5] 악장의 제 목이나 템포 표시도 약간 다른데, 예를 들면 K.428(Eb장조)과 K.465(C 장조)의 미뉴에트와 트리오는 자필 악보에서 '알레그로' 로, 인쇄보에서 '알레그레토' 로 되어 있다. K.464(A장조)의 종악장은 자필 악보에 '알레 그로' 로 되어 있고, 알타리아의 인쇄보에는 '알레그로 논 트로포' 로 되 어 있다.

위에서 언급한 2개의 악보가 보여 주는 가장 큰 차이는 아티큘레이션 과 보잉의 위치 및 가끔 이들의 존재 유무와 관련된다. 글자 그대로 약 수백 개의 사소한 차이점이 존재한다. 예를 들면 K.421(D단조)의 제1악 장에서 알타리아 악보의 슬러는 자필 악보와 비교하면 특히 짧다. 알타 리아 악보에는 마디 105의 제1바이올린에 크레셴도 표시, 3마디 후 제2 바이올린의 마지막 음의 트릴, 마디 109로 연결되는 붙임줄, 마디 110의 첫 4분음표 위에 스타카토 표시가 없다. 다른 한편 K.464의 시작 주제의 아티큘레이션은 자필 악보와 비교해서 알타리아 악보에 좀더 일관적으로 등장한다. 자필 악보에서 약박의 4분음표는 아주 드물게 스타카토 표시를 가진다(단지 네 번 나타나며, 세 번은 발전부에 있다). 알타리아 악보에서 스타카토는 훨씬 더 자주 나타나며, 일관성을 찾기는 어렵다.

모차르트가 직접 검증했을 법한 첫 인쇄보가 모차르트의 자필 악보보다 우선적으로 고려되어야 한다는 논쟁이 제기될 수도 있다. 자필 악보의 상당 부분은 모차르트가 재작업했음을 보여 주는 많은 증거를 제공한다. 심지어 자필 악보에서 K.464의 느린 악장을 구성하는 변주들의 순서가 재구성되기도 한다. 위의 논쟁에 의하면 1785년에 출판된 알타리아판이 모차르트의 '결정판'이며, 동시대 유럽의 최고 작곡가인 하이든에 헌정된 공공선언문을 대표한다. 그러나 이러한 논쟁은 받아들이기 힘들다. 알타리아판은 아주 산만하며 세세한 부분에 일관성이 부족하므로 이 악보가 작곡가의 전거를 대표하지 못한다. 알타리아판을 실제의 자필 악보보다 '더 나은 것'으로 간주할 수 없다.[6] 자필 악보나 인쇄보 모두 정확하고 일관된 악보는 아니지만, 자필 악보는 적어도 작곡자가 직접 썼다는 장점을 가지며, '정확하게 옳은 음'을 찾기 위한 또는 난해한 부분을 해결하려는 작곡가의 고심을 명백하게 드러내 준다. 이런 의미에서 자필 악보는 '결정판(final)'이다. '노이에 모차르트 아우스가베(Neue Mozart Aus-gabe)'는 현명하게 자필 악보를 사본 악보로 채택했다. 그러나 K.458을 세번째 순서에 둠으로써 인쇄보의 순서를 따른 점은 예외적이며, 인쇄보가 더욱 정확한 부분은 알타리아의 첫 인쇄보에 의거하여 가끔 그들의 해석을 수정하였다. NMA가 전문성에서 최고의 악보를 제공하지만 많은 사람들이 그 악보를 소유하기 어려우므로 믿을 만한 악보 중에서 몇 개를 예로 들면 브라이코프 앤 헤르텔사(Breitkopf & Härtel)의 1881년판[7] 재판한 도버 악보(Dover reprint), 오일렌부르크(Enlenburg) 소형 총보[8] 아인슈타인(Einstein)의 '정통' 판과[9] 유니버설사(Universal Edition)와 필하모니아(Philharmonia) 그리고 부지 앤 혹스(Boosey & Hawkes) 및 칼무스(Kalmus)사가 출판한 소형 총보 등이 있다.

1

모차르트의 초기 현악4중주곡

모차르트가 작곡한 최초의 현악4중주곡(**K**.80, G장조)은 자필 수사보의 주석에 따르면 1770년 3월 15일 로디(**Lodi**)라는 이탈리아 북쪽 마을의 한 여관에서 '저녁 7시'에 완성되었다.[1] 그의 아버지에게 보낸 편지(1778년 3월 24일)에서 모차르트는 만하임의 정부 관료인 게밍겐 홈베르크 남작(1753-1836)을 위하여 **K**.80의 복사 악보를 준비했다고 설명했다. 1769년 12월 13일부터 1771년 3월 28일까지 모차르트는 그의 아버지와 이탈리아를 여행하고 있었다. 이탈리아 여행은 볼프강에게 이탈리아 오페라 양식의 소중한 경험을 제공했으며, 결과적으로 모차르트는 밀라노에서 2개의 오페라를 위촉받았다. 1곡은 〈폰토의 왕 미트리다테〉(1770년 12월 26일에 초연)였고, 다른 1곡은 페르디난트 공작의 결혼식을 축하하기 위한 세레나타 〈알바의 아스카니오〉(1771년 10월 17일)였다. 모차르트는 1771년 8월부터 12월 15일 사이에 두번째 이탈리아 여행을 떠났으며(〈아스카니오〉를 감독하기 위해서), 〈루치오 실라〉[2]의 리허설에 참여하기 위하여 세번째 이탈리아 여행(1772년 10월 24일~ 1773년 3월 13일)을 감행했다.

이탈리아 여행을 통해서 모차르트는 삼마르티니(1700-1775) · 마르티니(1706-84) 등 18세기 이탈리아 작곡계와 음악 이론계의 주요 인사들을 접하게 되었다. 레오폴트는 삼마르티니와의 만남을 밀라노에서 쓴 편지(1770년 2월 10일)에서 다음과 같이 회고하였다. 모차르트의 음악 지식에 대하여 "삼마르티니를 비롯한 최고의 인사들이 보낸 찬사를 일일이 설명하기는 불가능하다." 레오폴트는 그해 3월 27일자 편지에서 18세기 볼로냐 최고의 음악학자로 알려진 파드레 마르티니와 볼프강의 만남을 다음과 기술하고 있다.

볼프강의 지식과 재능은 철저한 시험을 거쳤다. 이탈리아인들의 우상인 마르티니가 그에게 찬사를 아끼지 않았고, 그가 직접 모차르트를 시험한 사실은 이탈리아 전역에 모차르트의 명성을 떨치게 만들었다. 우리는 마르티니를 두 번 방문했는데, 방문 때마다 마르티니가 'ducem' 또는 'la guida' 라고 적은 몇 개의 음들을 가지고 모차르트는 푸가를 작곡했다.

볼프강이 이탈리아에 머문 동안 그가 보여 준 음악적 재능으로 그는 2개의 이탈리아 음악학교, 즉 볼로냐의 필라모니카학교와 베로나의 필라모니카학교로부터 상을 받았다.[3]

6개의 현악4중주(K.155-60)가 이탈리아 방문 시기에 작곡되었다. 6개 모두 1772년 후반과 1773년초 밀라노에서 작곡되었다. 레오폴트가 그의 아내에 보낸 편지(1772년 10월 28일)에서 모차르트는 '단지 소일거리로' 현악4중주(아마도 K.155)를 쓰고 있다고 말했다. 또 한 통의 편지(1773년 2월 6일)는 볼프강이 또 하나의 현악4중주(K.157또는 K.158)를 쓰고 있다고 언급한다. 밀라노에서 작곡된 6개 현악4중주의 조성은(D · G · C · F · Bb · Eb) 특이하게도 5도 관계로 배열된다. 각 작품은 3개의 악장으로 구성되며, 삼마르티니의 작품에 나타나는 1770년대 초반의 전형적인 이탈리아적 특징을 보여 준다. K.156, K.157, K.158과 K.159의 제2악장은 모두 표현이 풍부한 단조로 되어 있다. K.159를 제외하면 제2악장은 모두 느린 템포이며, K.159의 제2악장은 예외적으로 열정적인 악장이다. K.155-60에서 모차르트는 확대된 모방적 대위법의 악구 및 4중주 어법의 초기 성숙미를 잘 보여 준다.

모차르트가 최초로 작곡한 7개 현악4중주는 이탈리아의 영향을 보여 주는데, 특히 선율과 화음의 주요 부분을 최고 성부와 최저 성부가 담당하고 2개의 내성부는 단지 화성을 채우는 분명하고 투명한 짜임새가 그러하다. 가끔 최고 성부와 최저 성부의 대립은 현존하는 자필 악보에서 분명히 드러난다. K.155(D장조)의 제1악장 알레그로에서 마디 33부터 시작하는 악구의 외성부는 제2바이올린 및 비올라와는 전혀 다른 잉크로 적혀 있다. 이러한 사실은 규칙적인 '약박'의 8분음표로서 수직화음을 부각시키는 내성부가 중요한 2성부, 즉 선율과 베이스가 결정된 후 작곡되었음을 증명한다.[4] K.155의 제1악장의 시작뿐만 아니라 자필 악보의 마디 4-12를 자세히 조사해 보면, 선율이 작곡의 우선적 원동력임을 알 수 있다. 즉 마디 4-12에서 아래 성부가 받쳐 주는 화음에 대한 제1바이올린 성부의 배열은 모차르트가 반주를 첨가하기 전에 악구의 선율을 먼저 고안했음(또는 적어도 기보했음)을 암시한다.[5] 선율이 원동력을 제공하는 작곡 과정이 모차르트의 전 생애 동안 지속된다. 그러나 자필 악보에서 드러난 위의 사실은 현악4중주의 텍스처와 음악 구조를 결정하는 선율의 구심력을 강조한다. K.156의 제1악장, 프레스토에서 제시부는 특징적인 새로운 선율 악구의 연속으로 분명히 세분된다. 그리고 조성 구조가 전체적으로 예리하게 표면화되지만 진정한 일관성을 제공하는 것은 프레스토의 확고한 선율선이다. 이탈리아적 어법의 전형적인 증서 'fin-gerprints'로 다음과 같은 예를 들 수 있다. 반복적인 8분음표를 갖는 베이스 성부(K.80/i, K.157/i, K.160/i) 더욱 선명하게 부각되는 주선율에 대하여 전박적으로 느리고 획일적인 화성 변화의 속도를 배치하는 특징; 종지 직전에 베이스 성부가 반음계적으로 상행하면서 딸림조로(또는 부속딸림조로) 전조하는 과정(K.80/i, 마디 7-8; K.155/i, 마디 19-20; K.157/i, 마디 29-30)――이 진행은 반복적인 8분음표의 베이스와 종종 결합된다; 3도음정이 특징적인 칸타빌레 선율(K.155/i, 마디 64-7; K.157/i의 시작; K.159/i, 마디 4-6)과 가끔 옥타브로 연주되는 선율(K.155/iii의 시작); 다양한 아티큘레이션으로 매력적인 리듬의 활기(K.155/iii의 시작;

K.157/i, 마디 31-8; K.160/i, 마디 16-23과 마디 24-9); 동형 진행에 의해 ‘예상된’ 악구의 확대가 코렐리·비발디 및 삼마르티니의 작품에 특징적인 하강 서스펜션의 지속과 유사한 형태로 나타나는 경우(K.157/i, 마디 109-16); 4마디와 8마디 악구의 거의 변화 없는 균형감 등.

모차르트는 낙천적이며, 가벼운 양식의 편안한 매력 속에서 부족함을 감지했음에 틀림없다. 더욱 표현적인 성격을 위한 다소 심각한 이탈은 K.156, K.157, K.158과 K.159의 느린 악장에서 나타난다. 이 악장들은 효과적인 선율 작법을 잘 보여 주는데, 예를 들면 K.156의 아다지오와 K.157의 안단테에서 3화음으로 구성된 시작 주제는 곧 반음계로 진행되며, 강력한 유니즌(K.157, 마디 45-8)으로 연결된다. 초기 6개의 현악4중주 중에서 K.159의 제2악장인 G단조의 알레그로는 모차르트의 가장 감동적인 음악적 표현이다. 이 악장이 보여 주는 넓은 표현의 영역은 다이내믹의 융합, 예리하게 분절된 강세음형(마디 1-12, 21, 36-57, 74-88)과 대조적인 레가토 주제(마디 13-20, 30-6, 57-66, 66-73, 89-108), 온음계적 조성과 반음계적 조성의 만족스러운 결합을 포함한다. K.159의 제2악장은 훨씬 우아한 이탈리아적 악장과 양식적으로 다소 불편하게 나란히 배열된다. 거의 같은 시기에 작곡된 G단조 교향곡(K.183)과 더불어 K.159의 제2악장은 모차르트적 비장감의 어떤 특징을 표현한다. 이 악장은 겨우 17세가 작곡한 인상적인 음악적 성과임에 틀림없다.

그밖에도 초기 현악4중주에서 모차르트는 지루한 내성부들(특히 비올라 성부)을 위로하기 위하여 종종 폴리포니 짜임새에서 모든 악기가 동등하게 참여하는 대위법 전문가의 인상을 준다. 푸가토는 다양한 위치에서 모습을 드러내며, 새로운 부분이나 새로운 조성의 시작(K.80/i, 마디 16과 36; K.155/i, 마디 54; K.156/i, 마디 72; K.158/ii의 시작)과 종종 결합하기도 한다. 초기 현악4중주의 작곡은 모차르트에게 그가 원하는 효과를 위하여 비례의 중요성에 관한 귀중한 교훈을 가르쳐 주었음이 분명하다. 원래 현악4중주 K.156(G장조)에 포함된 E단조의 아다지오 악장은[6]

삭제되었고 같은 조성, 같은 템포, 같은 박자, 심지어 같은 주제를 사용한 새로운 악장으로 대체되었는데, 새로 대체된 악장은 감7화음을 현저하게 감소시켰다. 삭제된 원래의 악장은 감7화음으로 가득 차 있는데, 예를 들면 모차르트는 관계장조인 G장조를 지속하기 이전에 A단조를 강조하기 위하여 감7화음을 처음부터 사용했으며, 여기서 감7화음은 목표에 대한 수단이 아니라 그 자체가 목표로서 지나치게 많이 사용되었다. 그러나 수정된 악장에서 감7화음의 출현(E단조의 으뜸화음을 강조하기 위하여 첫 악구의 끝부분과 둘째 악구가 시작하는 마디 15에 나타난다)은 악장의 전개에서 중요한 형식 구분을 표시하거나, 악장을 질식시키려는 것보다 악장의 전체적 표현을 강화하려는 구조적 목적에 봉사한다.

그 다음에 작곡된 6개의 현악4중주(K.168-73)는 K.155-60이 완성되고, 단지 몇 개월 후 1773년 8월과 9월 빈에서 완성되었다. 그 당시의 상황을 기술한 모차르트의 편지에 K.168-73의 작곡 배경에 관한 언급이 없다. 새로 작곡된 한 벌의 현악4중주(K.168-73)가 레오폴트의 생각이었으며, 볼프강은 단지 그의 아버지를 만족시키려고 이 작품을 완성했다고 플라트는 제안했다. 모차르트가 빈에 체류할 동안 작곡된 또 한 벌의 현악4중주는 그의 작품 목록에 유용한 잠재적 상품성을 더했을 법하다. 레오폴트는 새로 작곡된 현악4중주가 대위법의 전통 기법을 완벽하게 보여 줌으로써 재능 있는 그의 아들이 궁정실내악단의 지위에 발탁될 수 있는 기회를 열망했음은 꽤 그럴듯하다.

K.155-60보다는 K.168-173에 푸가 작법이 훨씬 더 많이 나타난다. 모방대위법은 소나타 형식의 발전부에 종종 나타나는데, 예를 들면 K.168(F장조)의 첫 알레그로 악장의 마디 42-40과 K.168(A장조)의 첫 악장의 마디 37-57(이 부분에서 주제는 후에 전위적으로 처리된다)을 들 수 있다. 푸가 작법은 K.171의 느린 악장, K.172의 미뉴에트, K.168과 K.173의 종악장에서도 발견된다. 전체적으로 이 작품들에서 더욱 '진지한' 태도가 훨씬 두드러지기 때문에 푸가 작법이 음악 내적·양식적 동기보다는

외부적 동기와 관련된 듯하다. 마치 이 작품들은 일종의 표준 텍스트의 축소판을 의도한 것처럼 보인다. 약음기를 사용한 **K**.168의 안단테 악장에서 모차르트는 최상의 푹스 모형(Fuxian mould)에 기초하여 그의 카논 기술을 유감 없이 발휘하는데, 모차르트의 작곡 기술은 궁정 또는 교회의 고용주들에게 꽤 깊은 인상을 주었을 것이다.

K.168과 **K**.173의 종악장은 소나타 형식 내에 포함된 단순한 푸가토가 아니라 완전히 성숙된 하나의 푸가라는 점 또한 주목할 만하다. 이러한 특징은 **K**.168-173의 정교한 예술성을 더욱 부각시키면서, 이 작품들을 일관된 예술 작품보다 하나의 상품 목록으로 간주하려는 논제를 강조한다. 바로 이런 점에서 현악4중주 **K**.173(D단조)을 끝맺는 딱딱하게 반음계적인 푸가는 바흐의 〈푸가의 기법〉의 한 항목과 유사한 하나의 모델을 제시한다. **K**.173의 종악장이 진행되는 동안 여러 시점에서 다양한 음정 배열로 도입되는 복합 스트레토의 주제 엔트리는 빈에서 높이 평가받는 전통대위법을 능란하게 다루는 젊은 작곡가의 기교의 증거로서, 동시에 그곳에서 직업을 찾고자 했던 작곡가의 전통에 대한 경의의 표시로서 해석될 수 있다.

작곡의 원래 의도가 무엇이든지간에 **K**.168-173은 1785년에 비로소 빈의 출판업자 크리스토프 토리첼라가 수사보를 복사한 악보의 형태로 출판되었다. 토리첼라의 출판은 그 무렵 모차르트의 〈하이든 현악4중주곡〉을 출판한 빈의 알타리아사와 사소한 논쟁을 야기하였다.[7] 아이젠은 **K**.168-173의 작품이 1775년 빈에서 구매 예약이 되었을지도 모른다는 흥미로운 제안을 최근에 내놓았다.[8]

많은 학자들은 모차르트의 빈 현악4중주곡(**K**.168-173)에 미친 하이든의 현악4중주곡 op. 17과 20의 영향을 논의했다. 가령 예를 들면 아인슈타인은 다음 사실을 당연하게 받아들인다. "하이든의 현악4중주곡 op. 17의 제3번과 같이 모차르트는 처음으로 제1악장(**K**.170/i)에 변주 형식을 사용한다; 그리고 모차르트는 처음으로 현악4중주의 피날레에 갑자기 푸가를 쓴다(K.168과 K.173의 종악장)…… 무의식적으로 기억이 회상된다. K.168의 제1악장의 시작은 같은 조성으로 된 하이든의 op. 17, 제3번의 반향이다; 하이든의 op. 20의 제5번에 사용된 1개의 푸가 주제는 모차르트 K.168의 안단테 악장에 다시 나타난다."[9] K.168-173은 피상적으로 하이든의 영향을 보여 주는 반면(특히 하이든의 op. 20은 바로 전해에 작곡되었다), 두 작품 사이의 관련성은 얼핏 보이는 것처럼 그렇게 단순하지는 않다: 하이든의 op. 20 '디베르티멘토'(그 당시의 명칭대로)는 1774년에 비로소 출판되었는데, 이 작품들은 모차르트가 구할 수 있었던 빈에서 출판된 것이 아니라 파리의 슈바르디에르(Chevardière)사에 의해서 출판되었다; 1775년 오펜바흐의 앙드레사가 하이든의 op. 20의 또 다른 판을 출판했다. 만약에 모차르트가 1773년 중반경 하이든의 op. 20을 접했더라면 모차르트가 접한 악보는 수사본의 복사 악보(비공식적인)임에 틀림없다.[10]

무엇보다도 모차르트의 양식은 1770년대와 1780년대에 고전주의 음악 요소들을 훨씬 더 심오하게 조화시키는 방향으로 진행되며, 그의 후기 현악4중주는 초기 현악4중주의 특징인 빛나는 우아함의 자취를 보존한다. K.458, K.428, K.465의 종악장은 모두 2/4박자이며, 때때로 K.155, K.157, K.160의 종악장에서 볼 수 있는 천진함을 다시 보여 주고, 특히 주제들의 악구 구조와 아티큘레이션, 그리고 성부간의 대화에서 비롯된 텍스처의 투명함(예를 들면 K.157의 종악장의 마디 49-64와 K.458의 종악장의 마디 16-30을 비교해 보라)은 특히 돋보인다. K.465의 안단테의 표현적인 칸타빌레 어법이 K.160의 운 포코 아다지오(Un poco Adagio)와 비슷한 정서를 환기시키는 한편, K.428의 미뉴에트의 마디 20-1과 마디 64-5에서 발견되는 옥타브 악구들도 초기 작품을 상기시킨다. 초기 현악4중주와 구별되는 후기 작품의 특징은 융통성 있는 주기적 구조 내에서 선율 작법과 대위적 기법의 새로운 통합이다. K.155-60에서 4중주의 앙상블에 일관된 목적을 투입하려는 모차르트의 시도는 다소 불필요한 푸가토의 첨가로 제한되었다. 가령 **K**.155의 마디 54−9에서 수직적 통합의 즉각적인 목표에 도달하지만, 대위적 짜임새와 수직화성의 반주를 갖는 선율 사이에서 갈팡질팡하는 텍스처가 너무 많이 도입되어 음악적 전개와 수평 구조의 통찰력이 손상된다.

〈하이든 현악4중주곡〉을 쓸 무렵 모차르트는 텍스처의 수직적·수평적 요소와 음악 구조를 능숙하게 통제할 수 있었다. **K**.428(**Eb**장조)의 종악장은 구조적 목적에 사용된 대위법으로 한층 더 성숙한 경지를 보여 준다. 마디 43의 높은음자리표 성부에서 현저한 부점음형이 도입되는데, 1마디 후 포르테의 8분음표 화음이 아래서 부점음형을 받쳐 주며, 동시에 제2바이올린이 7도 아래서 모방을 시작한다. 후에 마디 186에서 모차르트는 대위법적 짜임새에 또 하나의 주제를 추가하여(마디 189에 등장하는 비올라의 주제) 그의 음악을 구축해 간다. 즉 화성 패턴이 하향 동형 진행적으로 확장되다가 마침내 극적인 절정의 순간에 이른다. 이 부분은 대위적 기법이 음악 구조를 위해서 사용된 실례이다. 모차르트는 이러한 수법을 **K**.155−60과 **K**.168−73에서는 다소 불완전하게 보여 주지만, 그가 하이든을 위해서 작곡한 현악4중주곡(그가 특별한 애정을 지녔던)에서 완벽하게 사용한다.

2

〈하이든 현악4중주곡〉의 유래와 창작 배경

〈하이든 현악4중주곡〉에 대한 최초의 언급은 모차르트가 파리의 음악 출판업자인 지버에게 보낸 1783년 4월 26일의 편지에 나타난다. 편지에서 모차르트는 1782년과 1783년에 작곡된 피아노 협주곡 K.413-415의 출판과 함께 다음 사실을 기록했다.

> 나의 작품들이 빈에서 출판된 방식을 매우 불만족스럽게 생각합니다 …….[1] 이 편지를 쓴 이유는 오케스트라와 함께, 또는 오보에와 호른과 함께, 또는 단지 현악4중주와 함께 연주할 수 있는 3개의 피아노 협주곡이 완성되었음을 알려 주려는 것입니다. 알타리아사가 이 작품들을 출판하고자 합니다. 그러나 나의 옛 친구인 당신에게 우선권을 주고자 합니다……. 3개의 피아노 협주곡을 완성한 후 2개의 바이올린, 비올라와 첼로를 위한 6개의 현악4중주를 작곡하고 있습니다. 당신이 현악4중주를 출판하고자 원한다면 기꺼이 당신에게 넘겨 주고자 합니다. 그러나 이 작품들을 너무 싸게 넘겨 줄 수는 없습니다. 6개의 현악4중주를 50 Louis d'or 이하로 넘겨 줄 수는 없습니다.

모차르트가 지버를 그의 '옛 친구'로 지칭한 이유는 지버사가 모차르트의 6개의 바이올린 소나타 K.301-6을 1778년에(30 Louis d'or의 가격으로) 출판했기 때문이다.[2] 편지의 어조는 친근하며 자신의 제안이 수락될 것을 확신하고 있다. 그러나 그의 제안은 수락되지 않았으며, 모차르

트가 편지에서 못마땅하게 언급한 알타리아사가 협주곡과 현악4중주를
출판하게 된다. 모차르트는 지버사가 출판을 거절하더라도 알타리아사
가 항상 대기하고 있음을 알고 있었으므로 모차르트의 비난은 아이러니
컬하다. 현악4중주의 인쇄보가 1785년 9월에 출판되었다.

실제로 지버사에게 보낸 모차르트의 편지는 사실과 거리가 먼데, 왜냐
하면 편지를 쓸 무렵인 1783년 4월 26일경 모차르트는 6개의 현악4중주
가운데 오직 1곡, K.387만을 완성했기 때문이다. 만약 지버사가 모차르
트의 제안을 즉각 받아들였더라면 모차르트는 나머지 작품들을 즉시 완
성하기 위하여 필사적 노력을 해야만 했다. 6개의 작품 중 마지막에 작
곡된 K.465는 1785년 1월 14일에야 완성되었다.

〈하이든 현악4중주곡〉에 관한 기록은 이 작품들이 비교적 짧은 두 시
기에 걸쳐 작곡되었음을 추정한다. 즉 K.387, K.421과 K.428은 1782년
12월말과 1783년 1월 사이에, 그리고 K.458, K.464와 K.465는 1784년
11월과 1785년 1월 사이에 작곡되었다. K.387의 수사본에 적힌 완성 날
짜는 1782년 12월 31일이다. 모차르트가 직접 기록한 주제 목록에 따르
면 K.458은 1784년 11월 9일로,[3] K.464와 K.465는 주제 목록에 각각
1785년 1월 10일과 1월 14일로 적혀 있다. 결과적으로 K.421과 K.428
이 남게 되는데, 이 작품들의 완성일에 대한 확실한 문서상의 증거는 남
아 있지 않다. 1829년에 콘스탄체가 빈첸트와 마리 노벨로에게 전한 한
일화는 콘스탄체가 그의 첫 아들 라이문트의 해산 진통을 겪고 있을 무
렵 모차르트가 K.421(D단조)을 작곡하고 있었고, K.421은 1783년 6월
17일경에 완성되었음을 말해 준다.[4] 수사보의 증거로 판단하면 K.428도
이 무렵에 완성되었다.

모차르트가 6개의 현악4중주를 충분한 돈을 지불할 수 있는 귀족 대신
에 하이든에게 헌정하려고 언제 결정했는지 정확하게 알 수 없다. 1785
년 1월 15일에 열린 비공개 연주회에서 K.387, K.421과 K.428에 보낸
하이든의 찬사가 모차르트를 자극했음은 분명하다.[5] 다음달(1785년 2월

12일)에 모차르트와 그의 아버지 그리고 2명의 틴티 남작이 나머지 3곡
을 하이든에게 들려 주었다. 그 연주를 들은 직후 하이든은 레오폴트에
게 "하느님 앞에서 정직한 사람으로서 나는 당신의 아들이 내가 직접 알
고 있거나 또는 이름을 알고 있는 사람들 중에 가장 위대한 작곡가라고
말할 수 있다네. 그의 감각은 뛰어나며 게다가 그는 작곡의 가장 심오한
지식을 갖추고 있다네"라는 그 유명한 말을 남겼다.[6] 플레옐(1757-1831)
의 현악4중주 op. 2는 1784년 출판되었고, 그의 스승인 하이든에게 헌정
되었는데, 아마 이 사실이 모차르트를 또 한 번 더 자극했을 수도 있다.
본즈가 주장한 대로[7] 그 시대에 가장 존경받는 작곡가인 하이든에 대한
헌정은 그 자체가 판매상의 강점으로 작용했을 법하다. 새로 출판된 모
차르트 현악4중주의 광고문이 1785년 9월 17일자 《빈 신문》에 게재되었
으며, 알타리아는 헌정 사실을 광고문에서 중요하게 부각시켰다.[8] 모차
르트는 그의 아버지에게 보낸 편지(1784년 4월 24일)에서 플레옐의 4중
주에 대하여 다음과 같은 찬사를 보냈다.

하이든의 제자 플레옐이 작곡한 현악4중주가 최근에 출판되었습니다.
아버지가 만약 이 곡을 모른다면 악보를 구해서 보십시오. 이 작품들은 연
구할 만한 가치가 있는 훌륭한 작품이며 틀림없이 당신을 만족시켜 줄 것
입니다. 아마 이 작품을 보면 그의 스승이 누구인지 금방 알 수 있습니다.
플레옐이 그의 생전에 하이든을 대신할 수 있다면, 음악의 미래를 위해서
아주 다행스러운 축복이라고 생각합니다.[9]

자필 악보

모차르트의 〈하이든 현악4중주곡〉의 자필 악보는 현재 런던의 영국박
물관에 있다.[10] 자필 악보는 콘스탄체 모차르트가 앙드레사에게 판매한

수사본에 포함되어 있었다.[11] 그후 슈툼프가 자필 악보를 구매했다. 슈툼프는 현재 잘츠부르크의 모차르테움에 보관되어 있는 모차르트의 환상곡(K.475)과 소나타 C단조(K.457)의 자필 악보를 포함하여 수많은 자필 악보의 소장자였다.[12] 1847년 슈툼프의 사망 당시 〈하이든 현악4중주곡〉의 자필 악보는 플라우덴에게 팔렸고, 그후 플라우덴의 딸에게 양도되었다. 헤리엇 플라우덴은 1907년 자필 악보를 영국박물관에 기증하였다. 자필 악보는 68장(Leaves)으로 구성되며, 1백27면의 음악을 포함한다. 종이는 대략 31, 32cm×22, 23.5cm의 크기이며, 12개의 5선 보표가 그어져 있다.

현악4중주의 헌정 서문에서 모차르트가 이 작품들을 '오랜 시간과 힘든 노작의 결실(il frutto di una lungha, e laboriosa fatica)'이라고 기술한 점은 잘 알려져 있다. 4중주의 자필 악보를 정밀히 연구해 보면 즉각적인 음악적 연결을 위한 세부 사항과 좀더 큰 단락의 초고에 남아 있는 수정의 양은 실로 놀랍다. 아마 헌정문에서 모차르트가 사용한 문구는 상투적인 헌정 '문구' 이상의 어떤 것을 의미한다. 상투적인 헌정문은 일상적으로 자기 폄하와의 문구로 시작하는데, 헌정문에서 모차르트는 하이든이 특별히 주목받은 장르(현악4중주를 지칭)를 작곡하는 데 그가 겪은 어려움을 기술하고 있다.[13] 〈하이든 현악4중주곡〉은 많은 시간과 수고의 대가를 치른 작품이었다.

모차르트는 〈하이든 현악4중주곡〉의 자필 악보를 위하여 10여 개의 다른 유형의 종이를 사용했는데, 물론 같은 유형의 종이에 서로 다른 현악4중주가 작곡된 몇몇 '중복(overlap)'의 예도 있다. 가령 자필 악보의 fol. 38은 K.428의 느린 악장의 마지막 부분을 포함하는데 단 1개의 장(leaf)로 구성되며, 바로 이 장은 타이슨이 종이무늬를 철저히 조사한 결과 한때 fol. 14-15와 같은 종이의 일부였다. Fol. 14-15는 K.421의 첫 악장(1783년 6월-7월)을 포함한다. 그 무렵 모차르트는 K.421과 K.428을 동시에 작곡하고 있었을까? 또 1개의 장으로 된 fol. 10은 K.387의 종악장의 복잡한 폴리포니(마디 130-42)를 위한 최종 수정을 포함하는데, 원래 fol. 22에 붙어 있었다. Fol. 22에는 K.421의 마지막 마디가 적혀 있다. 그렇다면 K.387의 폴리포니는 K.387의 완성 날짜로 추정되는 1782년 12월 31일보다 약 6개월 뒤에 수정된 셈이다.

K.458의 경우는 훨씬 더 흥미롭다. K.458의 첫 악장은 〈하이든 현악4중주곡〉의 자필 악보에 전혀 발견되지 않는 종이에 작곡되었으며, 그 종이는 모차르트가 호른 협주곡 K.417(Eb장조)의 시작 부분을 작곡할 때 사용한 것과 동일하며, 수사보에 1783년 5월 27일의 날짜가 적혀 있다. 아마 이 무렵 K.421 및 K.428과 거의 동시에 K.458의 첫 악장이 시작되었을 법하다. K.458의 첫 악장에 나타난 잉크 색깔의 변화는 첫 악장이 2시기로 뚜렷하게 구분되어(즉 마디 1-106과 마디 106-끝까지) 작곡되었음을 암시한다. 마디 1-106(제시부와 발전부의 시작 부분을 포함한다)은 1783년 중반경에 시작된 것으로 추측되며, 악장의 후반부가 다른 종류의 종이에 있으므로(같은 종이에 K.464의 첫 악장이 적혀 있다) 모차르트가 1년 이상 K.458의 첫 악장을 완성하지 않고 내버려둔 것처럼 보인다. 모차르트의 '작품 목록(Verzeichnüss)'에 적힌 1784년 11월 9일은 실제로 두번째 시기의 마침을 의미한다.[14] 종이의 유형이 동일하므로 모차르트는 K.464와 K.458의 둘째 단계를 거의 동시에 작업했음이 분명하다. 마찬가지로 K.464의 종악장과 K.465의 첫 악장의 일부도 같은 종이를 사용하므로 마지막 2개의 현악4중주의 작곡 기간이 어느 정도 중복되었음을 암시하는데, 그 가능성은 '작품 목록'에 적힌 날짜(2개의 작품은 각각 1785년 1월 10일과 1월 14일)로 더욱 분명해진다.

악보의 수정

이 책에서 〈하이든 현악4중주곡〉의 특정 악구에 대한 모차르트의 수정을 포괄적으로 상세하게 논의하는 것은 불가능하다. 〈하이든 현악4중주곡〉의 NMA판을 위한 '비평서문(Kritische Berichte)'이 나온 것은 모차르트의 학자들에게 매우 다행스런 일이며, 모차르트의 학문적 연구에 매우 유용하다. 모차르트의 작곡 습관의 세세한 부분을 더욱 깊이 연구하고자 하는 사람들에게 '비평서문'은 절대적으로 유용한 참고 문헌이다.[15] K. 387, K.458과 K.464이 가장 방대한 수정의 흔적을 보여 주며, 수정 작업은 모차르트의 창작 과정에 대한 한 줄기 빛을 제시한다. K.421, K.428과 K.465의 악보가 모두 '수정의 흔적이 전혀 없는' 악보는 아니지만 수정 및 개작 과정에 관하여 훨씬 미미한 정보를 제공할 따름이다.

모차르트가 K.387의 푸가토 종악장에서 폴리포니를 지속시키는 데 많은 어려움이 있었음이 분명하다. 발전부를 시작하는 마디 125-42에 관한 3개의 다른 스케치가 존재한다. 우리에게 좀더 친숙한 스케치를 보면 2개의 바이올린 성부가 연주하는 2분음표의 카논 아래에 마디 129-42의 반음계적 4분음표의 진행이 비올라와 첼로 성부간의 대화처럼 나뉜다. 그러나 실제로 이 스케치는 K.387이 완성된 1782년 12월 31일부터 약 6개월 후 마지막 단계에 작곡된 것이다. Fol. 11의 아랫부분과 fol. 11v의 윗부분에 나타나는 '원래' 악보뿐만 아니라 후에 취소된 2개의 스케치가 fol. 13v에 남아 있다. 2개의 스케치는 모차르트가 내림표 또는 올림표의 반음계 진행을 일관되게 만들려는 그의 노력, 그리고 내성부 음들의 정확한 배치가 완성본과 다소 다름을 보여 준다.[16] 이 부분의 기보 및 균형 잡힌 텍스처를 위한 골치 아픈 문제에 대한 최종적 해결은 K.421의 변주 악장과(이미 이 책의 p.25에서 언급되었음) 연관 있는 또 한 장의 악보(leaf of paper)에 적혀 있으며, 이 부분이 완성된 시기는 1783년 6월과 7월 사이로 추정된다.

K.464의 자필 악보는 모차르트가 창작 기간 동안 안단테 악장의 변주 순서를 재구성했음을 보여 준다. Fol. 50v에 마지막 변주 6(첼로 성부에 16분음표의 스타카토가 반복된다)이 나오며, fol. 52에 단조의 변주 4

Ex. 2.1 K.458의 종악장의 원래 시작 부분

(minore)가 들어 있다. 모차르트는 처음에 마디 126을 마디 72에 연결되
는 부분으로 의도했으며, 이 단계에서 단조의 변주는 계획에 없었다. 자
필 악보에서 변주의 순서가 수정되어 재구성된다.

　K.464의 NMA 악보가 출판된 후, 현악4중주의 악구(A장조이며, 대위
적인)를 2개 포함한 두겹이절지의 자필 악보가 미국인 개인 소장품 속에
서 발견되었다. 2개의 악보는 모두 음자리표가 없지만, 적어도 1개는 KV
464의 종악장과 관련된다.[17] 또 1개의 악구에서 반음계적 주제가 스트레
토(stretto)로 배치되는데, 이 스케치는 마디 95에서 시작하는 발전부 또는
마디 229에서 시작하는 코다의 어떤 부분과 비슷한 특징을 가지며, 아마
이 부분들 중의 하나와 연관된 듯하다.

　K.458의 종악장을 위하여 모차르트는 원래 65마디의 폴로네즈(K.
589a; Ahn.68)를 작곡했는데, 바로 같은 종류의 악보에 K.458의 미뉴에

트와 트리오(아마 늦어도 1783년 7월 말경으로 추정되는)가 들어 있다.[18] 첫부분(8마디)은 완전한 악기 편성을 갖추고 있으며, 그후 세세한 아티큘레이션 표시와 보완적 폴리포니를 간헐적으로 지시하는 악절이 상세하게 기보되어 있음에도 불구하고 제1바이올린 성부만 적혀 있다. 마디 65에서 선율은 시작 부분의 반복으로 복귀하는 듯 보인다. 그러나 모차르트는 이 악장을 끝내 완성하지 않았으며, 3박자가 아닌 2박의 종악장을 선호했다.

미완성에 그친 폴로네즈와 모차르트가 최종적으로 선택한 2/4박의 종악장 사이에 방치된 13마디의 스케치(자필 악보의 fol. 29v)가 있다. 13마디의 스케치는 우리에게 친숙한 박자를 2배로 늘인 주제가 제2바이올린과 비올라의 교대로 시작하는 알라 부레베(alla breve)의 프레스티시모 악장이다.(보기 2.1) 이 스케치의 마디 5에서 모차르트의 원래 계획은 주제가 1마디 간격으로 제1바이올린 · 제2바이올린 · 비올라에서 차례로 Bb, Eb, F음에서 대위적 모방으로 시작하는 것이다. 마디 9에서 같은 주제가 세 번째로 진술될 때 첼로가 4분음표로 질주하는 대주제를 반주한다.

방치된 13마디의 스케치와 최종 피날레(시작 주제의 모방이 제거되었다)를 비교한 결과 모차르트의 계획이 대위적 짜임새로부터 제1바이올린의 '솔로'와 나머지 성부의 '투티'가 주고받는 콘체르탄테 짜임새로 변화되었음을 알 수 있다. 이와 유사한 콘체르탄테 짜임새는 이 곡의 나머지 부분 동안 여러 번 등장한다. 그러나 제시부가 끝난 후, 대위법이 지배적인 텍스처의 중요한 변화가 나타난다. 발전부의 대부분은 대위법적으로 구상되며, 모방 주제의 엔트리는 방치된 스케치의 마디 5-9와 매우 흡사하다. 예를 들면 마디 143-8의 콘체르탄테적 대화는 계속적인 모방 사이에서 간주곡의 역할을 한다. (마디 140-3에서 제2바이올린과 비올라; 마디 149-58에서 한 쌍의 주제가 2마디 간격으로 제1바이올린과 제2바이올린에서, 제2바이올린과 비올라에서, 비올라와 첼로에서 차례로 등장하며, 마지막 쌍은 마디 155와 157에서 동형 진행으로 반복된다.) 모방에 의한 중복이 마

디 169(제2바이올린의 주제를 제1바이올린이 마디 172에서 모방한다), 마
디 183-5(제1바이올린·제2바이올린·비올라의 순서로 모방이 나타나며,
마지막에는 음가가 4분음표로 축소된다), 마디 187-9(제2바이올린·비올
라·제1바이올린의 순서로 모방되며, 마지막 모방에서 음가가 다시 축소된
다)에서 계속된다. 모차르트가 최종적으로 선택한 종악장은 악장의 특성
이 '학구적인' 모방대위법(주제와 대주제가 서로 모방하는 스트레토의 중
복)이 처음부터 지배적인 악장(마디 K.387의 종악장처럼)에서, 모방이 단
지 형식 구조의 대비를 위하여 사용된 악장으로 악장의 성격이 급격하게
변화되었음을 말해 준다. 최종적으로 완성된 피날레에서 모방대위법은
발전부의 중심까지 의도적으로 회피되며, 발전부의 모방대위법은 그때
까지 확립된 양식의 극적인 단절로서 작용하고, 회고한다면 우리가 처음
접하게 되는 가벼운 콩트르당스(contredanse) 이상의 무엇이 있음을 암시
한다.

3
___

출판 과정의 단계

1785년경까지 모차르트는 상업적인 성공을 거두었다. 출판사들은 모차르트의 최근 작품뿐만 아니라 잘츠부르크 대주교의 고용하에 작곡된 몇몇 오래된 작품들까지도 적극적으로 판매하였다. 모든 사람들이 부러워했을 소문난 상황은 특히 레오폴트를 만족시켰다. 레오폴트는 1785년 봄 약 10주간 빈에 머물면서 볼프강과 함께 시간을 보냈고, 볼프강이 자신의 작품을 직접 연주하는 음악회에 참석하기도 했다.[1] 레오폴트는 출판된 볼프강의 작품에 대하여 빈의 언론이 보여 준 관심을 결코 간과하지 않았다. 레오폴트가 빈에 머문 1785년 2월 11부터 4월 25일까지 모차르트의 작품 판매를 선전하는 적어도 8개 신문 광고가 있는데, 그 중에는 3개의 피아노 협주곡 K.413-15를 선전하는 알타리아사의 광고도 포함된다.

알타리아사의 예술 분과에서…… 모차르트가 작곡한 3개의 피아노 협주곡(A장조 · F장조 · C장조)이 출판되었는데, 각 작품의 가격은 2 fl. 30 kr 이다.[2]

레오폴트가 빈에 거주하는 동안 오페라 〈후궁으로부터의 유괴〉에서 발췌된 몇 곡이 피아노용으로 편곡되어 출판되었으며, 동시에 궁정극장의 전문 사보가인 주코바티가 사보한 오페라의 필사보가 15 fl.(수사보는 《빈 신문》의 4월 16일자에 광고됨)[3]에 판매되었다. 그리고 사보가이며 악보 도매상인 라우쉬가 〈후궁으로부터의 유괴〉에서 발췌한 몇 곡들의 제목과 가격의 목록을 《지방 신문》에 게재하였다. 레오폴트는 그의 딸 나네를 모차르트에게 보낸 편지에서(1785년 3월 12일) 〈후궁으로부터의 유괴〉의 피아노용 편곡 악보에 관하여 다음과 같이 언급하고 있다.

〈후궁으로부터의 유괴〉의 클라비어용 악보를 토리첼라사가 출판할 예정이라는 것이 내가 알고 있는 전부이다. 볼프강이 편곡하고 있는 중인데 아직 완성되지 않았다. 볼프강은 아마 1막의 편곡을 마친 것 같다. 내가 한번 알아봐야겠다. 토리첼라는(볼프강이 작곡한) 3개의 소나타를 출판했는데, 그 중 1개가 바이올린 반주를 갖는다.[4] 나는 출판된 볼프강의 작품을 모두 사두려고 한다…….

같은 해에 빈의 신문 광고는 계속해서 1785년 4월 20일에 완성된 모차르트의 칸타타 K.417, 〈프리메이슨의 기쁨〉이 인쇄보 또는 수사보로 이용 가능함을 광고했으며,[5] 훨씬 오래 전인 1776년에 작곡된 2개의 호른과 솔로 현악기들을 위한 디베르티멘토 K.247,[6] 빈의 주요 음악 도매업자인 트래그(1747-1805)가 제안한 한 묶음의 작품들을 광고했다. 트래그사는 1780년대 종종 모차르트의 수사보를 판매했다. 트래그사는 1785년 9월 14일자의 《빈 신문》에 모차르트의 K.247(다시), 아마도 K.413과 K.414(광고에서는 '2중 협주곡'으로 되어 있음에도 불구하고)와 G장조의 피아노 협주곡 K.453('최근에 작곡된'), Bb 장조의 트리오 K.254, '여러 개의 최신 교향곡,' 피아노 변주곡 K.455(1874)와 4년 전에 작곡된 바이올린과 피아노를 위한 변주곡 K.359와 K.360의 광고를 게재했다.[7]

이 무렵 모차르트의 작품에 대한 출판사의 열성은 1785년 피아노 변주곡(아마 K.265, K.398과 K.455)의 출판을 광고하는 토리첼라의 선전 문구에 잘 나타난다.

도처에서 유명한 거장의 작품에 대한 기대와 열성(변주곡들은 뛰어난 예술성과 참신함으로 전문가들의 주의를 끌기에 충분했으며, 그 선율은 우리 가슴을 부드럽게 감동시킨다) 때문에 아름다운 변주곡을 직접 출판하게 되었으며, 최고의 음악 애호가들을 위하여 다시 한 번 봉사할 수 있게 되었다.[8]

이 무렵 알타리아사는 빈의 음악 출판사 중 특별한 위치를 차지하였다.[9] 알타리아 가계는 이탈리아인의 후손으로 1767년 빈에서 예술품 매매를 시작하기 전에 마인츠에서 사업을 했다. 오스트리아의 수도 빈에서 알타리아사는 지도와 음악 부분까지 사업을 확대하였다. 알타리아사는 1778년에 악보 출판을 시작했으며, 그로부터 약 18개월 후 악보를 판매하기 시작하였다. 불과 몇 년 내에 알타리아사는 빈 음악 출판업계에서 가장 유명해졌으며, 하이든과 모차르트·베토벤을 비롯한 몇몇 가장 중요한 작곡가들과 관련된다. 알타리아사는 1780년에 하이든의 작품을, 1781년 11월에 모차르트의 바이올린 소나타 K.296과 K.376-80을 처음 출판했으며, 그후로 베토벤의 작품을 출판했다.[10]

1785년경까지 모차르트의 작품은 알타리아사에게 상업적으로 '인기 품목'이었다. 1785년에 알타리아는 〈하이든 현악4중주곡〉뿐만 아니라(9월에) 〈하프너〉 교향곡 K.385, 그리고 트라트너에게 헌정된 환상곡 C단조(K.475)와 피아노 소나타 C단조(K.457)를 출판했으며, 이 작품들은 모두 1785년 12월 7일자 《빈 신문》에 광고되었다(《빈 신문》은 콜마트(Kohlmarkt)에 위치한 알타리아의 상점에서 판매되는 새로운 작품을 광고하는 유용한 수단이었다).

〈하이든 현악4중주곡〉은 1785년 9월초에 출판되었다. 하이든에게 바치는 헌정문은 9월 1일로 되어 있고, 성부 악보가 곧 판매되었다. 악보의 겉표지에는 다음과 같이 적혀 있다.

SEI

QUARTETTI

PER DUE VIOLINI, VIOLA, E VIOLONCELLO

Composti e Didecati

al Signor

GIUSEPPI HAYDN

Maestro di Capella di S.A.

il Principe d'Esterhazy &&

Dal Sul Amico

W. A. MOZART

Opera X

In Vinna presso Artaria Comp.

Mercanti ed Editori di Stampe Musica

e Carte Geographiche.

이 책의 제2장에서 이미 언급되었듯이 모차르트는 〈하이든 현악4중주곡〉을 출판하기 위하여 파리의 지버사와 먼저 교섭을 하였다. 불행히도 지버사는 모차르트의 생전에 〈하이든 현악4중주곡〉을 출판하지 않았다. 그 무렵 지버사는 파리의 출판 목록에 반복적으로 광고되던 바흐 · 디터스도르프 · 홀츠바우어와 반할의 실내악곡을 선호했다.[11] 그러나 알타리아사는 모차르트의 최근 작품에 열성적인 관심을 보였다. 1785년 9월 17일의 《빈 신문》에 다음의 광고문이 게재되었다.

알타리아아사의 예술 분과에서…… 모차르트가 최근에 작곡한 2개의 바이올린 · 비올라 · 첼로를 위한 6개의 현악4중주, 작품 10을 6fl. 30kr에 출판했다. 모차르트의 작품에 대한 자세한 언급이나 특별한 찬사를 따로 붙일 필요가 없다. 단지 여기에 하나의 걸작품이 있음을 공고할 필요가 있다.

모차르트가 그의 작품을 에스테르하지가의 악장이자 그의 친구인 요제프 하이든에게 헌정한 사실, 그리고 하이든은 단지 위대한 천재에게 당연한 찬사를 보내 이 작품을 명예롭게 한 사실 때문에 더더욱 의심의 여지가 없다. 따라서 우리 출판사는 품질과 인쇄에서 아름답고 완벽한 악보를 아마추어와 전문가 모두에게 선사하기 위하여 비용을 아끼지 않았으며, 현악4중주의 수사보에 책정된 12fl의 가격은 약 1백50쪽에 이르는 악보의 분량을 생각하면 결코 비싼 것이 아님을 확신한다.[12]

9월 17일의 광고문이 나오기 1주 전 알타리아의 경쟁사인 토리첼라가 《빈 신문》에 다음의 광고문을 게재했다.

2개의 바이올린, 1개의 비올라와 첼로를 위한 6개의 현악4중주가 콜마트에 있는 우리 상점에 출시되었음을 알립니다…….[13]

토리첼라가 광고한 현악4중주는 1773년에 작곡된 K.168-73으로 알타리아사가 광고하는 현악4중주와는 다른 작품이다. 새로 작곡된 〈하이든 현악4중주곡〉의 출판과 때를 같이해서 모차르트의 다른 작품들을(구체적으로 밝혀지지 않은) 동시에 판매함으로써 이익을 보려는 토리첼라의 야비한 전략을 간파한 알타리아사와 모차르트는 매우 화가 났다. 모차르트는(아마 알타리아사의 지시로) 곧 일반 구매자들이 실수로 새로운 작품 대신에 옛 작품을 구매하도록 현혹하는 토리첼라의 시도를 비난하는 글을 게재했다.

예술품 도매상인 토리첼라 씨는 최근에 모차르트의 현악4중주 6개를 ──그 악보가 인쇄보인지 수사보인지 또는 그 작품들이 작곡된 시기에 관한 구체적인 언급도 없이──저렴한 가격에 판매한다는 광고를 신문에 게재했습니다. 따라서 모차르트는 토리첼라가 선전하는 6개의 현악4중주

가 새로 작곡된 작품이 아니라 약 15년 전에 이미 작곡된 작품이라는 점을
(새로운 작품을 기대하는 청중들이 잘못 구매하지 않도록) 존경하는 일반인들
에게 알리는 것이 그의 임무라고 생각합니다…….[14]

토리첼라는 자신의 직업적 성실을 비방한 사실에 대하여 다음과 같이
응수하였다.

최근에 새로 작곡된 모차르트 현악4중주의 출판과 관련한 알타리아사의
광고문은 내가 막 출판한 작품들이 15년 전에 이미 작곡되었다는 사실을
불필요하게 지적함으로써 일반 대중들이 일종의 고의적인 희생양이 될 뻔
한 점을 경고하듯 보인다. 이 상황에서 내가 출판한 작품들이 인쇄보인지
수사보인지 또는 이미 오래 전에 작곡된 것인지 또는 최근의 작품인지를
언급하지 않은 이유를 설명할 필요성과 동시에 일반 대중들을 현혹하려는
의도가 전혀 없었음을 실제로 증명해야 한다고 느꼈다(우리 회사의 평판이
좋음에도 불구하고 결코 나의 입장을 대변할 수 없다고 생각하므로).
15년 전에 작곡된 현악4중주(토리첼라가 출판한 K.168-173을 지칭)를 추
천함에 있어서 거장의 이름 외에 그 어떤 것도 불필요하다고 생각한다. 최
근 알타리아가 출판한 모차르트의 작품(〈하이든 현악4중주곡〉을 지칭)에 찬
사를 보내는 사람들은 내가 출판한 작품의 독특한 진가로 만족을 얻게 될
것임을 확신한다. 이 작품들 또한 모차르트가 작곡했으므로 아마추어들에
게도 유용할 것이다…….[15]

이쯤에서 논쟁은 끝이 난 듯 보인다. 이 문제에 관한 쌍방의 대응은
《빈 신문》에 나타나지 않는다. 그러나 알타리아사는 계속해서 모차르트
의 '최신' 현악4중주의 광고문을 10월 18일자 《Wiener Realzeitung》에
게재했다.

　　"2개의 바이올린과 비올라 · 첼로를 위하여 모차르트가 작곡한 6개의 최신 현악4중주곡 op. 10은 6fl. 30kr.의 가격으로 콜마트의 알타리아사에서……."16)

　　모차르트의 '작품 10(opus X)'의 상업적인 성공에 관한 언급은 없다. 그러나 알타리아사가 처음 출판한 모차르트의 〈하이든 현악4중주곡〉의 판매가 부진했음을 암시하는 간접적인 증거가 있다. 알타리아사는 1787년 3월부터 4월에 걸쳐 Dessau의 《Neue Litteratur und Völkerkunde》에 모차르트의 〈하이든 현악4중주곡〉(모차르트의 교향곡, 피아노 협주곡, 피아노 소나타, 피아노와 바이올린을 위한 소나타, 2중주 소나타를 포함하여)의 광고를 게재하였다. 이 사실은 〈하이든 현악4중주곡〉이 처음 출판된 후 2년이 지났지만 상당량의 재고가 남아 있음을 암시한다. 1787년 8월에 디터스도르프는 자신의 현악4중주가 모차르트보다 좀더 쉽게 작곡되었으므로 상품성이 더 높을 것이라는 내용의 글을 알타리아사에 보냈다.17) 빈 · 파리 · 런던 · 라이프치히 · 오펜바흐와 콜론 등지에서 〈하이든 현악4중주곡〉의 재판 악보가 그후 30년 또는 40년 동안 발행되었으며, 재판 악보는 알타리아의 장기적인 이익에 지속적으로 손실을 주었다. 레오폴트는 알타리아가 첫 출판한 모차르트의 〈하이든 현악4중주곡〉의 악보를 소유했으며, "이 악보를 가지고 프라이만과 함께 8시까지 3개의 현악4중주를 철저하게 연습했다. 제2바이올린과 첼로 성부를 연주할 두 사람을 지도하고 내가 직접 비올라를 연주한다면 우리는 곧 이 작품들을 연주할 수 있을 것이다……."18)

4

〈하이든 현악4중주곡〉의 개요

이 장은 독자들에게 6개의 〈하이든 현악4중주곡〉의 각 작품을 안내하는 개요를 제공하기 위한 것이다. 4장은 주로 개별 악장의 형식을 기술하거나 형식 구조를 단락짓는 중요한 순간, 중심 주제들, 조성, 텍스처 및 두드러진 특징들을 기술하는 데 주안점을 둔다. 그러나 단지 광범위한 해설을 의도하지 않는데, 다시말하면 몇몇 악장이 다른 악장들보다 훨씬 더 자세히 취급되는 것은 불가피하다. 그리고 〈하이든 현악4중주곡〉의 악보를 쉽게 구할 수 있다는 가정하에 악보의 실례는 생략한다.

다음 2가지 사항, 첫째 소나타 형식에서 주제를 칭하는 용어와 둘째 재현부에서 옥타브 음역의 문제는 처음부터 신중하게 고려되어야 할 점이다. 다소 시대착오적 용어인 '제1주제'와 '제2주제' 등은 소나타 형식의 악장을 위한 논의에 사용된다. 개념적으로 '올바른' 또는 '잘못된' 용어를 판단하기 전에 이 용어들은 분명히 '관습적인' 자리를 획득했으며, 널리 사용되고 있다. 물론 이러한 용어들이 단지 19세기와 20세기에 고안되었으므로 모차르트가 사용한 전문 용어의 일부는 아니다. 그럼에도 불구하고 이 용어들은 그후 모차르트의 음악에 관한 논의 속에 깊이 침투해 있다. 지금 여기서 18세기의 이론적 대안을 위한 논의는 부적당하다. (아마 이러한 논의 자체가 상황을 분명하게 하기보다는 오히려 혼란시킬 수도 있다.)[1] 이 용어들이 너무 글자 그대로 이해되지 않는다는 가정하에 '제1주제'와 '제2주제'라는 용어는 모차르트의 소나타 형식을 왜곡시키거나 혼동시키지 않을 것이다. 우리에게 익숙한 '교과서'적 표준에서 급격하게 벗어난다면 다음의 논의에서 특별한 주의가 요구될 것이다.

　제2주제군이 재현될 때 옥타브의 음역에 관하여 현악4중주에서 정해진 표준이 없으며, 동시대의 이론 문헌에 '올바른' 옥타브 음역을 결정하는 어떤 처방도 기술되어 있지 않다. 실제로 모차르트가 〈하이든 현악4중주곡〉에서 제2주제를 항상 4도 위 또는 5도 아래로 재현시키지 않으며, 4도 위 또는 5도 아래의 음역 사이를 보통 왕래한다.[2] 알레그로 소나타 형식의 제1악장에서 옥타브 음역은 다음과 같이 진행된다.

> K.387: 처음 4도 위에서(마디 133), 그후 5도 아래서(마디 145).
>
> K.421: 처음에 6도 위에서(마디 94 주제의 으뜸음단조의 반복이 관계장조로 들린다), 그후 3도 아래서(마디 102).
>
> K.458: 대부분 4도 위에서(마디 153-4, 마디 205까지 지속됨), 그후 5도 아래서(마디 206).
>
> K.428: 처음 4도 위에서(마디 138), 그후 5도 아래서(마디 152).
>
> K.464: 처음 5도 아래서(마디 198), 제2주제의 장식된 반복은 4도 위에서 계속된다(마디 206).
>
> K.465: 처음 4도 위에서(마디 191), 그후 5도 아래서(마디 211), 그러나 후에 다시 4도 위로 복귀(마디 218).

　개별 악장의 개요에서 재현부가 '규칙적'(재현부가 제시부의 주제를 대충 따르면서 제시부의 제2주제가 으뜸조로 복귀하는 것을 암시한다)이다는 말이 재현부가 제시부 전체를 위 또는 아래로 이조함을 의미하지 않는다.

K.387(G장조)

(1) Allegro vivace assai

　제시부는 10마디의 악절로 시작하며, 중심 주제는 이 곡 전체를 통해서 중요한 특징이 될 반음계의 단서를 처음 제공한다. 주제는 좀더 모방 대위적인 구조(마디 11-24) 내에서 즉각적으로 반복되며, 이때 마디 1과 2의 중심 주제의 단편(가령 마디 2에서 제1바이올린의 반음계적 8분음표가 마디 13과 14에서 2개의 바이올린 성부 사이를 지나간다), 4성부 사이를 거쳐 가는 확대된 반음계 선율(마디 16부터), 마침내 D장조의 제2주제를 준비하는 A 딸림7화음(V7th on A)으로의 결정적인 전조를 도입한다. 제2주제군은 제1주제처럼 약박의 리듬과 단락의 대규모 반복(마디 25-30, 30-8)에 의존한다. 그러나 제1주제군은 첫 몇 마디에서 긴밀한 소수의 모티프로부터 발전한 것처럼 보이는 반면에 제2주제군은 마디 39, 42, 49⁴와 54의 연속적 배치 사이에서 다양한 리듬의 방대한 영역을 포함하면서 주제의 구성에서 훨씬 더 다양하다. (덧붙인다면 마디 53과 54는 뒤에 첨가된 부분이다──모차르트의 제시부는 원래 마디 53에서 D음의 피아니시모 종지로 끝난다.)

　발전부(〈하이든 현악4중주곡〉에서 가장 규모가 큰 발전부의 하나이며, 제시부의 종결음형이 재현되는 마디 88과 99에서 세분될 수 있다)는 중심 주제의 낭송적 진술(마디 56, 61, 68)으로 시작하지만 발전부의 대부분은 제시부와 직접적 연관이 없는 주제로 구성된다. 마디 70-80은 비올라 독주에서 파생된 새로운 자료의 규칙적인 동형 진행으로 구성되며 일련의 7화음, 즉 C, A, D와 B(E단조의 딸림화음)의 7화음으로 계속 진행된다. 마디 52-3의 주제가 마디 86-7에서 잠시 재현된다. 첫째 주요 단락이후 더욱 새로운 주제(마디 90)와 마디 52-3의 계속적인 반복이 뒤따른다. 발전부의 마지막 단계(재경과구)에서 제시부의 종결 모티프의 트릴이 단편적으로 나타나며, 트릴 모티프는 마디 104부터 페달음 'D' 위에서 16분음표로 분해되어 마디 108부터 규칙적인 재현부가 시작된다. 딸림조의 주제는 어김없이 으뜸조인 G장조로 복귀하며, 단지 약간의 변형(예를 들면 제시부의 마디 38에서 시작하는 16분음표 악구가 마디 146-55에서 좀더 극적인 으뜸조로 확대된 것처럼)을 거쳐 원래의 진행을 계속한다.

이 악장의 압도적인 효과는 우아한 균형이다. 매혹적인 긴장과 이완은 예측 가능한 4마디 악절의 끝없는 연속에 의해서가 아니라 좀더 작고 좀더 큰 음악적 단위들의 미묘한 결합에서 비롯된다. 모차르트 악구 구조의 융통성은 발전부의 시작부터 발견된다. 중심 주제에 기초한 마디 56-60의 극적인 힘은 활기찬 제시부와 대조적으로 여기서 능숙하게 억제된다.

18세기 후반의 음악 이론가인 리펠은 음악 언어에서 핵심 문제인 악구의 주기성을 상세하게 논의하였다. 이미 언급한 대로 레오폴트는 리펠의 저서를 소유했으며, 볼프강의 음악 지도를 위하여 그 책을 이용했을 법하다.[3] 리펠은 2마디 또는 4마디 단위의 대칭적이며, 균형잡힌 악구를 선호했다. 리펠의 논의는 특히 으뜸화음(Grundabsatz)과 딸림화음(Quintabsatz)에서 악구의 종지적 단락(cadential articulation)에 따라 결정된다. 으뜸화음과 딸림화음의 종지는 악보에서 악구의 끝 부분에 검은색 또는 흰색의 4각형으로 표시되며, 각각은 으뜸화음과 딸림화음에서 종결을 의미한다. 리펠은 한 악구를 다시 세분하는 방법을 설명하고(2+2마디, 4+4마디 등등, 그리고 3+2와 같은 불규칙적인 재분(再分)도 포함하여) 또한 악구에 더욱 큰 연속성을 부여하는 악구의 대칭적 균형에 대하여 논의한다. K.387/i의 제2주제의 구조는 악구의 대칭적 균형을 잘 보여 준다. (마디 24⁴-30은 마디 30⁴-36에서 반복된다.) 계속해서 리펠은 최초의 음형 또는 내부 음형의 반복(아마도 동형 진형으로), 한 악구의 끝부분을 확대하거나 또는 더욱 강조하기 위하여 종지의 반복으로 악구를 변형하는 몇 가지 방법을 설명한다.[4] 동형 진행에 의한 내부적 반복과 종지적 반복의 실례는 K.387의 시작 10마디에서 발견된다. 이 부분(Einschnitten)은 웃으뜸화음(supertonic)으로 끝나는 1개의 2마디 악구, 으뜸화음으로 복귀하는 대칭 악구(리펠이 'Grundabsztz'라는 용어를 사용한 경우), 1마디의 악구와 즉각적인 반복, 그리고 또 하나의 변형된 반복과 VI도화음의 '약한' 종지(마디 8), 마지막으로 마디 10에서 으뜸화음으로 종지하는 마디 7과 마디 8의 변형된 반복으로 구성된다.

(2) Menuetto and Trio, Allegro

규모가 큰 모차르트의 미뉴에트는 소나타 형식의 축소판이다. 미뉴에트의 '제1주제군(first-subject group)'은 분할된 중심 주제(마디 1-10)를 통합하면서 마디 20까지 확대된다. 중심 주제의 후반부는 피아노(piano)와 포르테(forte)의 다이내믹이 교대하는 뚜렷한 반음계의 솔로 선율로 이루어진다.[5] 이 반음계는 마디 7의 첼로 성부에서 즉각 전복되어 재현된다. 그후 시작 악구 전체는 약간의 선율 장식과 반음계에 대한 새로운 동형 진행적 대주제가 첨가되어 반복된다(마디 14-15와 마디 16). 마디 17-20은 딸림조의 딸림화음으로 진행하는 전조적 경과구이며, 마디 21에서 제2주제가 도입된다. 부수적 주제가 마디 28[3]에서 계속되며, '제시부'는 제1바이올린과 비올라가 이전의 반음계를 짧게 회고하는(마디 36과 38) 종결 음형으로 D장조에서 끝난다.

'발전부'는 마디 1의 모티프의 전위형을 이용하며, 2개의 4분음표 음형을 3화음적으로 확대시켜 딸림조와 E단조를 거쳐 일련의 변격 종지로 (G minor/ D) 계속된다. 그리고 페달음 'D'는 마디 63에서 제1주제의 재현부가 시작되기 전 반음계적 특징을 보강한다. 바로 이 지점에서 모차르트는 '제시부' 자료의 대부분을 압축시키는데, 예를 들면 시작 주제는 단지 한 번만 진술되며(마디 68의 첼로 성부가 대주제를 즉시 연주하며), 경과구는 축소되고, 마디 74에서 으뜸조인 G장조로 제2주제가 계속된다.

미뉴에트에서 현악4중주 앙상블의 멋진 효과와 다양한 색채를 과시하는 섬세한 악기 편성이 돋보인다. 미뉴에트의 첫부분이 끝날 무렵 제2바이올린의 하강 반음계(D음으로 시작하는)는 2마디 이후 같은 옥타브에서 비올라로 응답된다. 미뉴에트의 끝에서 같은 악구(이제는 으뜸조인 G장조에서)는 한 옥타브 간격의 제1바이올린과 비올라로 다시 연주된다. 더욱

효과적인 음색 대비는 마디 28-36의 제1바이올린 선율이 마디 81-9에
서 재현될 때 위 3성부 사이에 우아하게 배치한 모차르트의 수법이다.

　모차르트는 단조 트리오에서 감정 표현을 상당히 확대시켰다. 트리오
역시 소나타와 유사한 특징을 보여 준다. 먼저 제1주제와 제2주제가 뚜
렷하게 구별되고, 제2주제(마디 14)는 중심 주제가 으뜸조로 재현되는 마
디 39부터 계속 발전된다. 트리오는 악구 구조와 조성에서 다소 불안정
하다. 트리오가 대칭적 악구로 시작하지만(즉 마디 1-4의 응답구로서 마디
5-8) 유니즌의 시작 악구가 반복될 때 끝 부분의 반음 상승이 반복되어
(C#→D, D→Eb) 악구가 마디 12-13에서 확대되며, 조성적으로 아주 모
호해진다. 기대된 딸림조 또는 관계장조 대신에 모차르트는 Eb 음에서
시작하여, Eb 음을 그대로 둔 채 코랄과 유사한 일련의 점2분음표 화음
이 지속되는 동안 관계장조로 전조한 후 마지막 순간에 딸림화음(D)으로
빠르게 변화된다. 겹세로줄 이후에도 조성의 연속성을 기대할 수 없다. 둘
째 부분은 이전의 주제가 딸림조로 나오는 대신 새로운 하강음계로 시작
한다. 새로운 하강음계는 정착하지 않고 C단조 · G단조를(조성은 확립되
지 않고 단지 암시된다) 거쳐 마디 33에서 D장조의 예비화음에 도달한다.
미뉴에트에서 보여 준 것처럼 모차르트는 트리오의 재현부도 압축시킨
다. 마디 9-13의 변형된 반복은 'C' 음에서 끝나며, 마디 39부터 지속되
는 코랄의 화음들은 반음계적으로 으뜸음에 도달하는데, 이러한 반음계
적 진행은 임박한 미뉴에트 다 카포의 반음계를 미리 보여 주는 듯하다.

(3) *Andante cantabile*(C장조)

　안단테 칸타빌레는 축약된 소나타 형식(발전부가 없는 소나타 형식)이
다. 악장의 주요 구성은 다음과 같다: 제시부(마디 1-51)는 마디 7부터
으뜸조로 또 하나의 부수적 주제(secondary thematic material)를 통합한다
(이 주제는 첼로에서 시작하여 제1바이올린에서 장식된다); 경과구(마디 14

부터)는 G단조(마디 25)를 경유하여 딸림조인 G장조로 전조한다. 확장된 딸림음 페달 'D'는 6잇단음표의 16분음표 음형을 받쳐 주며, 16분음표 음형은 전성부에서 연주된 후 마침내 딸림조의 제2주제로 연결된다(마디 30³). 제2주제는 빠르게 질주하는 부수적 아이디어로 확대되며, 연장된 종지 단락(the prolonged cadential paragraph)(43-48)으로 연결된다.

4마디의 짧은 화음(punctuating chords)(마디 48-51)이후 악장은 다시 으뜸조인 C장조로 복귀하며, 재현부는 제시부를 으뜸조로 반복한다. 모차르트는 재현부에서 제시부의 일부를 확대시키는데, 아마도 진정한 '발전부'의 부재를 보충하려는 듯하다. 로젠은 재현부에서 앞서 나온 주제의 재작업을 '제2의 발전부'라고 이름 붙였다. "제2의 발전부의 기능은 버금딸림조의 영역으로 이동함으로써 으뜸조를 재확인한다……. 제2의 발전부는 항상 전조하면서(비록 짧지만) 버금딸림조와 관련되므로 제시부의 경과구 또는 전조적 악구의 일부를 이용한다."⁶⁾ 로젠이 의미한 버금딸림조 영역은 글자 그대로의 의미보다는 으뜸조의 내림표 계열의 조성(keys in the flat side of the tonic)을 의미한다. 예를 들면 마디 58-69에서 모차르트는 원래 마디 7의 경과구를 확장하는데, 새로운 교창적 요소를 도입하며, 첼로의 주제는 좀더 어두운 화성 영역(마디 63-5에서 Db음의 지속)으로 변화되면서, 첼로의 하강 반음계(감7화음과 증6화음을 보강하면서)는 마디 70의 확장된 딸림음 페달을 향해서 계속 연주된다. '제2의 발전부'는 마디 74-7에서 계속되며, 제1바이올린의 32분음표는 제2바이올린의 8분음표 음형의 동형 진행으로 반주된다. 제2바이올린의 음형은 마디 58에서 유래했는데, 원래 5도의 하강음정이 여기서 7도의 하강음정으로 확대되었다.

안단테 칸타빌레 악장은 주제의 다양성을 과시한다. 이 악장의 주요 조성 영역(C장조와 G장조)은 대조적인 주제를 광범위하게 제시하며, 주제의 대부분은 마디 4-6, 15-18, 30-34와 34-38처럼 경과구적이다. 경과구적 주제와 대조적인 몇몇 주제들 예를 들면 마디 7-11, 25-30과

42-8는 특히 대위법적인 짜임새 속에서 (선율-반주의 짜임새보다는) 아주 정교하게 처리된다. 표면적 다양성에도 불구하고 이 악장은 만족스러운 일관성을 유지한다.

일관성은 부분적으로 화성 변화의 일관된 느린 속도(종종 점2분음표 또는 2분음표-4분음표 패턴)와 관련이 있으며, 악장 전체에 기초적 일관성을 제공한다. 그리고 악장의 일관성은 부분적으로 음악의 흐름을 지속케 하는 모차르트의 주제 발전 기법에 의한다. 가령 마디 4-5에서 시작 주제를 유연하게 마무리하는 3개의 8분음표로 된 꼬리음형(suffix)의 진행을 보시라. 꼬리음형은 처음에 순차적 하강 선율의 모양을 갖는데, 마디 5에서 한 음의 반복으로 변형된다. 그리고 마디 7-8에서 꼬리음형의 기능이 변화되는데, 3개의 반복음들은 첼로가 시작한 모방적 주제에 대한 머리음형(prefix)이 된다. 마디 10-11에서 또 한 번의 변형을 거쳐(3개의 8분음표와 뒤따르는 16분음표) 바이올린에서 계속된다. 반면에 마디 15-16에서 3개의 8분음표는 첼로가 연주하는 16분음표의 6잇단음표에 대한 대주제로 계속 발전한다.

(4) *Molto allegro*

피날레는 소나타 형식과 푸가의 결합체이다. 종악장은 엄격한 푸가가 아니며(하이든의 현악4중주 op. 20의 no. 2와 no. 5 또는 모차르트의 초기 현악4중주 K.168와 K.173과는 달리), 제시부와 재현부에 푸가 부분을 통합한다. 여기서 푸가는 그 자체가 목표라기 보다는 목표에 대한 수단이다.

종악장은 푸가 제시부(마디 1-17)로 시작하는데, 푸가 제시부는 소나타 형식 제시부의 제1주제에 비견된다. 푸가 제시부는 중심 주제의 일부를 (온음표 음형과 쾌할한 대주제) 으뜸조로 시작한다. 마디 51-91에서 딸림조의 둘째 푸가토는 소나타 형식의 제2주에에 상응한다. 둘째 푸가토의 강한 당김음은 첫째 푸가토의 '미지근한' 온음표를 보완하는데, 리듬적

보완은 모차르트가 2개의 푸가토 주제를 결합한 마디 69에서 가장 두드러진다. 콩트르당스의 대조적 에피소드가 각각의 푸가토를 뒤따른다. 마디 17에서 콩트르당스는 마디 31의 '필수적이며' 진지한 대위법 양식과 함께 경과구로 작용한다. 부수적인 하강 반음계(마디 39-51)는 딸림조를 준비하는 A 장3화음으로 연결된다. 마디 92의 콩트르당스는 딸림조의 부수적 주제를 도입하는데, 주제는 아티큘레이션과 반주에서 약간 변형되어 즉각 반복된다. 푸가와 콩트르당스의 양식적 대비에도 불구하고 소나타 형식의 제시부에서 각 부분의 위치는 아주 명료한다. 모든 진행이 으뜸조에서 딸림조로 전조하는 방대한 조성의 계획 속에 포함된다.

악장의 첫 푸가토 주제는 발전부(마디 125-173)에서 핵심적 역할을 하는데, 푸가 제시부 전체가 아니라 단지 푸가의 주제가 발전부의 이 단계에서 사용된다. 제시부가 끝난 바로 그 지점에서 짧은 반음계 꼬리로 확장된 악구가 도입되어 마디 141-2에서 Bb단조의 딸림화음(V/Bb)으로 순조로운 이명동음 진행을 한다. 그후 푸가 주제는 2개의 외성부 사이에서 교창적으로 재구성되며, 동시에 단조의 5도권으로(in minor keys ascending by fifths) 계속 전조한다. 외성부의 푸가 주제에 대항하여 뚜렷하게 분절된(strongly articulated) 내성부의 4분음표 음형은 푸가 진행에 큰 긴장감을 준다. 이러한 진행은 발전부의 끝까지 지속되며, 마디 173에서 갑자기 중단된다. 그후 활기한 하강 반음계가 뒤따른다.

재현부는 마디 17의 콩트르당스 선율을 버금딸림조인 C장조(마디 175)로 시작한다. 즉 푸가토의 제1주제 전체가 생략된다. (유사한 진행이 모차르트의 피아노 소나타 D장조 K.311의 제1악장에서도 나타난다. K.311, 제1악장의 재현부(마디 58)에서 부수적 주제가 버금딸림조로 시작한다. 진정한 제1주제의 출현은 악장의 끝까지 연기된다.) K.387의 종악장에서 제시부의 시작 푸가토가 진행중인 음악 구조를 온음표 폴리포니의 단독 성부로 해체시켜 그때까지 축적된 힘을 한순간 상실할 수 있는 위험 때문에 모차르트는 재현부의 시작에서 제시부 푸가토의 단순한 반복을 의도적으로 회피하였다. 이와 유사한 짜임새의 대비로 인하여 모차르트는 마디 51의 제2주제를 으뜸조에서 그대로 반복하지 않고 푸가토의 제2주제를 압축시켜, 마디 69의 푸가 주제를 마디 209에서 재현시킨다. (이러한 배치는 돌이켜보면 제1주제의 생략을 보완한다.) 두 지점에서 변형된 재현부(마디 175-209는 마디 17-51을 그대로 이조한 것이다)는 충만한 텍스처와 전진하는 순간적 힘을 유지하는 장점을 갖는다.

마디 123-40의 반음계 음형과 중심 주제의 스트레토가 코다에서(마디 268-98) 연주된다. 코다의 마지막 악구는 이 역동적인 악장을 놀랍게도 느긋하게 끝맺는다.

K.421(D단조)

(1) Allegro moderato

모차르트의 제시부는 제1주제군과 제2주제군의 완전한 대비로 유명하다. 2개의 주제군은 모두 미세한 리듬이 풍부하며, 종종 짧은 음가가 두드러지는데, 짧은 음가의 대부분은 비교적 느린 박의 단위에 기인한다. (알라 브레베 대신, 1마디 안에 4개의 여유 있는 4분음표로 구성된다.) 제1주제군의 시작 주제는 하강 샤콘 베이스(D-C-Bb -A) 위에서 조직되며, 악구의 반복을 제한적으로 이용한다. 악구 반복의 유일한 실례는 마디 5에서 나타난다. (여기서 반주의 화성 진행이 미묘하게 변형된다.) 그후 마디 9에서 24까지 일련의 짧고 독특한 음형이 연속적으로 '진행(evolve)'한다. 쇤베르크는 이 부분을 '리듬의 평범한 자유와 형식적 균형의 완전한 독립 속에서 산문처럼' 이라고 기술했다.[7]

제1주제와 분명한 대비를 이루는 제2주제군의 구조는 완전히 규칙적이다. 제2주제군은 대략 선율적으로 장식된 반복, 가끔씩 텍스처(마디

29부터) 또는 음역(마디 37-9)의 변주를 가지면서 일련의 규칙적이고 균형잡힌 악구들을 제시한다. 마디 29에서 제2주제가 반복될 때, 모차르트는 레가토와 스타카토를 알맞게 혼합하여 제1바이올린의 상승 3잇단음표 장식음이 아래 3성부 위에서 분명하게 들리게 하고 아티큘레이션의 흥미로운 폴리포니를 투입한다.

모차르트는 어느 정도 제시부의 구조를 반향하는 탄탄하게 조직된 발전부를 선사한다. 발전부는 2개의 '대조적(opposed)' 부분으로 구성된다. 첫부분(마디 42-58)은 전적으로 제1주제에서 유래하며, 제1주제군의 '산문(prose)' 양식으로 복귀한다. 둘째 부분(마디 59-69)은 좀더 규칙적 배치를 가지며, 한 번 더 대비를 제공한다. 모차르트는 마디 1과 2의 시작 주제를 특이한 Eb장조(the flat supertonic)로 시작하는데, 시작 주제는 하강 샤콘 베이스로 반주된다. 모차르트는 중심 주제의 둘째 마디를 비올라와 첼로에서 페달포인트로 새롭게 이용한다(마디 46-8). 그후 마디 1과 2의 밀집한 스트레토 모방이 도입된다. (여기에 3개의 8분음표 대주제가 첨가된다.) 2개의 연속적인 3마디 악구(마디 53-8)에서 거슬리는 반음계 화성의 독특한 진행이 G단조로 해결되는 마디 59까지 긴장을 고조시킨다. 마디 59부터 긴장의 해소가 시작된다. 바로 여기 이 지점에서 모차르트는 일련의 1마디 악구와 화성리듬의 통일로 규칙적인 주기성을 회복한다. 제시부를 끝맺는 데 사용된 3화음적 16분음표의 6잇단음(triadic semi-quaver sextuplets)은 마디 59에서 부각되는 새로운 바이올린 주제에 대한 대주제로 새롭게 사용된다. 이 부분에서 으뜸조인 D단조로 가기 위한 5도권의 진행이 계속되다가. 원래의 종지형에서 사용된 3화음적 6잇단음이 다시 사용되면서 으뜸조가 마디 70에서 성립된다. 발전부는 '대비에 의한 형식(from by contrast)'을 만들기 위하여 악구 구조의 잠재적 가능성에 대한 모차르트의 철저한 이해를 잘 보여 준다. 마디 59-69는 마디 42-58의 '정체(stasis)'에 대한 '역동적' 해결이다. 형식을 구축하는 모차르트의 이러한 기술은 동시대의 '교과서적' 접근과는 거리가 멀다.

짧은 코다가 첨가된 것을 제외하면 재현부는 필요한 부분에서 주제를
으뜸조로 바꾸면서 단순하다. (마디 24-5와 비교하면, 제2주제를 마디 94
에서 반 마디 후에 배치한 경우를 제외하고.)[8] 코다(마디 112b-7)는 으뜸음
'D'에 대한 위·아래의 반음계적 보조음(upper and lower chromatic
neighbour tones)을 강조한다.

(2) Andante(F장조)

모차르트의 안단테는 에피소드적인 3부분의 구조이다: A(a+b, a와 b는
각각 반복된다)──B(a-b-a)──A(변형됨). 다른 악기들간에 약간의 모
방이 있지만 제1바이올린이 가장 중요한 역할을 하는데, 제1바이올린의
선율 변화가 음악적 진행을 결정한다. 첫부분은 우리가 기대한 대칭적인
악구 길이에서 이탈한다. 첫 겹세로줄까지 8마디로 구성되지만 이 8마디
는 비대칭적으로 나뉜다. 즉 첫단락은 마디 5의 중간에서 F장조의 으뜸
화음으로 마무리된다. 딸림조로 전조한 후 모차르트는 시작 주제를 C단
조와 G단조로 발전시키며, 동형 진행으로 반복되는 새로운 부가 음형이
마디 12와 13에서 D 장3화음의 반복을 유도한다. 새로운 부가 음형은 마
디 2-3에서 처음 등장한 아이디어로부터 리듬의 활기를 가져왔으며, 다
시 으뜸조인 F장조로 복귀하는 준비를 한다. 재현부는 버금딸림조로 약
간 벗어났다가(마디 20-2) 마디 7-8에 사용된 부가 음형을 다시 반복하
면서 으뜸화음으로 종지한다.
중간 부분은 같은 으뜸음단조(f단조)이며, 다소 긴박한 3개의 8분음표
음형(마디 3에서 가져온)을 스타카토로 도입하는데, 선행하는 약박의 레
가토와 뚜렷한 대비를 이룬다. 중간 부분은 조성, 아티큘레이션, 텍스처
(마디 30-4에서 주선율이 첼로 성부로 전이되었음을 주목하라) 악구 구조
에서 첫부분과 대비를 이룬다. 둘째 부분의 악구 구조는 A부분의 재현으
로 유도하는 1마디의 연결구(마디 51)를 제외하면, 완벽하게 균형잡힌 대

칭적 악구로 구성된다. 중심의 에피소드(B부분)는 다시 3개의 단락으로 세분되며, 둘째 단락은 Ab장조로 마디 35에서 시작한다. 둘째 단락은 주변의 '모티프'에 '선율적' 대비를 주기 위하여 제1바이올린이 질주하는 16분음표 장식을 도입한다. A부분이 약간 변형되어 반복된 후 코다(마디 77-86)가 뒤따르다. 코다는 마지막에 F장조의 복귀를 매듭짓기 위하여 마디 2-3의 리듬형으로 다시 한 번 복귀한다.

(3) *Minuetto and Trio. Allegretto*

안단테 악장처럼 미뉴에트도 정상적인 악구 구조에 대한 기대를 무너뜨린다. 미뉴에트의 첫 부분은 10마디(8마디가 아니라)로 구성된다(마디 3-4의 음형이 동형 진행으로 즉각 반복되어 2마디가 확장된다). 악구 구조의 완벽함은 부분적으로 마디 4에서 제1바이올린과 첼로 성부 사이의 결코 지나치지 않고 효과적인 리듬의 대위법에 기인한다. 하강 선율의 해결이(바이올린에서 완전4도로 첼로 성부에서 반음으로 하강하는) 2성부에서 중복되며, 이음줄로 연결된 첼로의 점2분음표-4분음표 진행은 항상 바이올린보다 1마디 늦게 온다. 첼로의 이음형은 둘째 부분이 시작될 때('E'페달음 위에서) 제1바이올린으로 옮아가며, 내성부의 질주하는 반음계가 동시에 반주를 한다. 유사발전부(quasi-development)에 의해서 마디 22에서 갑자기 중단된다. '유사발전부'는 마디 1에서 유래한 최초의 부점리듬의 활기찬 대위법적 성부 교환에 기초하며, 5도권의 전조로 구성된다. 이때 2성부가 한 쌍을 이루어 교대로 연주하다가(제1바이올린/비올라; 제2바이올린/첼로) 첫 10-마디 악구의 충실한 반복으로 연결된다.

이 미뉴에트 악장은 로젠이 기술한 '소나타 형식의 미뉴에트'에 꼭 부합된다.

소나타 형식의 미뉴에트는 크게 2부분으로, 그러나 3개의 (큰) 악구들 또는 악절로 구성되며, 둘째와 셋째 악구가 한 부분을 형성한다. 즉 첫 악구의 끝에 겹세로줄이 오고, 첫 악구는 으뜸화음 또는 딸림화음으로 종지한다(K.428의 미뉴에트에서 으뜸화음으로 종지). 둘째 악구는 딸림조를 확립하고 확장시키거나 또는 아주 짧게 발전시킨다. 셋째 악구는 으뜸조에서 시작하며 으뜸조로 해결되거나 또는 여기서처럼 재현한다. …… 첫 악구는 으뜸조를 확립하고 전조할 만큼 연장되지만, 조성의 대비를 확립하거나 또는 조성의 대비가 결실을 맺는 만큼의 견고함과 중요성으로 연장되지는 않는다. 후자의 임무는 둘째 악구의 몫이다……. 둘째 악구는 18세기 후반의 작곡가들에게 필요한 으뜸조와 딸림조의 양극성을 부분적으로 창조하거나 또는 으뜸조로부터 벗어난 긴장감을 증대시키는 부수적인 전조를 야기한다.[9]

대조적인 장조의 트리오는(악구가 완벽하게 규칙적이다) 화성적으로 그다지 대범하지 않지만 다음의 3가지 효과, 솔로 바이올린의 '스카치 리듬('scotch-snap' rhythm),' 아래 성부의 피치카토 반주와 마디 16에서 제1바이올린과 비올라의 선율이 2옥타브 간격으로 중복되는 점은 주목할 만하다. 트리오는 당혹스러울 만큼 음악적으로 가볍고, 그 천진함은 미뉴에트의 어두운 성격에 멋진 대비를 제공한다.

(4) *Variations: Allegretto ma non troppo*

주제는 2부분 형식이며, 시칠리아나(siciliana) 리듬과 대조적인 반복음 음형(마디 2-3, 10-11, 23-4)이 특징적이다. 2부분 형식의 주제에서 흔히 볼 수 있듯이 둘째 부분의 시작은 첫부분과 같은 시칠리아나 리듬, 악구구조와 짜임새를 보이면서 첫부분과 일종의 '운(rhyme)'을 형성한다. 모차르트는 지배적인 음형이 일치하는 '운'을 유지하면서 변주 1-3의 구조적 연관성을 강조한다. 가령 변주 1에서 마디 33-6은 마디 25-8의 선율 및 반주와 같은 리듬을 유지한다.

18세기의 관례대로 모차르트는 각 변주에서 일관된 장식 음형을 사용하는데, 차례로 제1바이올린 · 제2바이올린(나머지 성부와 교차 강세(cross-accents)를 만든다) · 비올라 성부가 독주처럼 연주한다. 변주 2는 특히 흥미로운 당김음의 짜임새를 2개의 차원에서 동시에 제시한다. (제2바이올린 성부는 제1바이올린 성부의 축소형처럼 소리난다.) 변주 3은 주제의 기본 화성에서 벗어난다. 가령 마디 69에서 Eb의 나폴리 6화음이 감7화음으로 대체된다. 변주 4(D장조)와 변주 5(D단조, 피우 알레그로(più))에서 악구 구조와 화음 구조는 붕괴된다. 변주 4에서 선법의 변화는 4마디가 축소된 후반부의 조성에 심각한 변화를(원래의 D단조——F장조가 D장조——A장조로 대체된다) 초래한다. 변주 5에서 반복은 없어지고 후반부는 마침내 주제의 악구 구조를 이탈한다. 즉 악구의 주기성은 마디 124와 마디 137 사이에서 16분음표의 3잇단음형의 솔로로 중단된다. 레치타티보 같은 3잇단음의 16분음표들은 (주제의 마디 6-8의 반복음 음형에서 유래한다) 악장의 끝에서 한층 고조된 감정의 표현을 암시한다.

K.458(Bb 장조)

(1) Allegro vivace assai

2백76마디(6/8박자)에 이르는 소나타 형식의 이 악장은 모차르트의 〈하이든 현악4중주곡〉에서 가장 긴 악장 중의 하나이다. '샤세(chasse)' 토픽(마디 1-2에서 최초의 '사냥 신호' 모티프)의 중요성은 이 책의 제5장에서 상세하게 논의된다.

제시부에서 중심 주제와 부주제의 각 요소들은 충분히 다뤄진다. 예를 들어 시작 주제를 보자. 시작 주제는 8마디의 악구인데 마디 4에서 F 장

3화음의 불완전 종지로 나뉘며, 확고한 **Bb**으뜸화음(**Bb**음은 첼로 성부에서 페달음으로 확장된다)으로 끝난다. 시작 주제는 마디 26부터 트릴 아래에서 새로운 악기 편성으로 반복되는데, 이때 우리는 마디 8-9에서 시작되는 3도음정의 대조적 주제와 16분음표의 솔로 장식 악구가 우세한 마디 9-25가 경과구의 시작이 아니라 제1주제에 삽입된 하나의 에피소드라는 것을 알게 된다. 결과적으로 마디 1-42는 일종의 3부분의 윤곽을 가진다. 진정한 경과구는 마디 27에서 시작하며, 16분음표의 음형과 몇 개의 8분음표 당김음을 거쳐서 경과구는 마디 42에서 **C** 장3화음의 불완전 종지로 끝난다.

후속 모티프가 제2주제인지 아닌지는 여전히 논란이 되고 있다. 모티프는 딸림화음(**F**)의 윤곽을 갖지만, 강조된 음은 여전히 '**C**'음이다. 뿐만 아니라 마디 47부터 첼로 성부에서 **C**와 **Db**음이 교대로 등장하는 화음 구조는 더욱 확고하게 예정된 **F**장조를 위한 연장된 '부속 딸림화음'의 준비임을 암시한다. 마디 42-53은 본질적으로 **F**장조의 딸림화음(**V/F**)을 연장시키며, 제2주제의 구체적인 역할보다는 종지적 종결(마디 53과 59의 같은 리듬을 이용한 종지를 포함해서)의 특성으로 더욱 주목된다. 교묘한 조성기법에 거스르듯 마디 54는 마치 종결 주제처럼 소리난다. 그러나 진정한 '종결(closure)'은 당분간 보류된다. 제시부의 후반에 나타난 주제 역할의 모호성은 고전주의 소나타 형식을 결정하는데, 주제보다는 조성이 본질적으로 중요함을 입증한다. 제2주제의 진정한 정체성은 중요하지 않다. 더욱 중요한 것은 '으뜸조'를 벗어나 새로운 영역으로 진입하는 것인데, 여기서 모차르트는 마디 66의 제2주제를 하나의 발전부처럼 다룬다. 마디 8-9의 '에피소드' 주제가 두 외성부의 딸림음 페달 사이에 샌드위치처럼 끼여 반복된 후(마디 77-84) 제시부가 끝난다.

발전부는 3개의 작은 부분으로 나뉜다. 새로운 주제를 도입한 첫부분(마디 91-106)은 앞서 나온 제시부의 어떤 주제보다 더 확고하게 **F**장조를 제시한다. 둘째 부분(마디 106-25)은 '전과음(changing-note)' 음형(**F**-

E-G-F-Ab)을 발전시키는데, 이 음형은 마디 42-3 및 마디 55의 음형 과 분명한 연관성을 갖지만 약박으로 전이된 16분음표로(the semiquavers transferred on to the upbeat) 나타난다. 마디 42-43과 분명한 연관성을 갖는 셋째 부분(마디 126-끝까지)은 제1바이올린과 비올라 성부(마디 125-8), 계속해서 비올라와 첼로 성부(마디 130-3, 딸림음 페달 위에서 제 자리걸음을 하는) 간의 카논으로 진행된다. '전과음' 음형은 다양한 텍스 처로 즉 솔로로서(마디 106-14), 위 3성부 사이에 교창적으로(마디 114- 16), 인접한 2성부가 짝을 이루어 교창적으로(마디 118-20) 외성부에서 (마디 121-5) 출현한다. 텍스처의 변화는 중심 발전부의 주요 화성 단계 를 F단조(마디 106) · C단조 · G단조를 거쳐 Eb장조(마디 126)로 나눈다.

모차르트는 재현부(마디 137-230)의 마디 168에서 버금딸림조로 잠시 이탈한 경우를 제외하고 제시부의 윤곽을 따르며, 다소 모호한 제2주제 의 모티프는 마디 182에서 으뜸조의 영역에 확고하게 도착한다.

꽤 규모가 큰 코다에서(발전부보다 약간 더 길다) 모차르트는 중요한 '사냥' 주제를 (발전부에서 완전히 무시된) 짧은 시간 내에 놀라울 정도로 다양한 스트레토로 제시하며, 결과적으로 이 주제는 전체 앙상블 속으로 완전히 스며든다(마디 238-52). 고도로 응축된 대위법은 코다를 악장의 클라이맥스로 변형시키는 고도의 음악적 활동을 야기하면서, 재현부의 일 반적 기능을 대신한다. 모차르트는 마디 42-3의 음형(마디 262에서 좀더 많은 스트레토를 포함하면서)을 한번 더 암시한 후 마디 106에서 빌려 온 '전과음'으로 간단하게 악장을 끝맺는다. '전과음'은 종결적 마침으로 사용되어 소나타 구조에서 주제의 융통성을 마지막으로 한 번 더 상기시 킨다.

(2) *Menuetto and Trio, Moderato*

미뉴에트의 첫부분은 3+5마디로 불균형하게 나뉘는 8마디의 악구로 구성되며, Bb으뜸화음으로 끝난다. 명백한 불균형은 마디 3, 4와 5의 셋째 박의 악센트로 더욱 강조된다. 악구의 불규칙성은 겹세로줄 이후에도 계속된다. 즉 2개의 2마디 동형 진행(둘째 동형 진행은 선율적으로 장식된다) 후에 5마디의 도치된 페달음 'F'(a five-bar inverted pedal F)로 향하는 3마디의 종지 진행이 뒤따른다. 마디 21에서 불균형한 첫 8마디가 반복된다. 이 미뉴에트는 선율보다 화성에 기초하여 작곡된 듯한 인상을 주는데, 실제로 미뉴에트의 주제는 모두 미리 계획된 종지 음형에 기초한다.

트리오는 더욱 멋진 선율을 보여 준다. 트리오의 둘째 부분은 효과적인 반음계를(마디 13-14와 마디 22-4) 포함한다. 시작 주제의 반복에서 (마디 19) 모차르트는 마디 5-10의 부분적 특징을 발전적으로 통합시킨다. 예를 들면 옥타브 도약(마디 7)은 옥타브와 7도를 합친 음정으로 확대되며, 이 음형은 제1바이올린과 첼로 사이에서 모방된다(마디 25-6).

(3) *Adagio(Eb 장조)*

축소된 소나타 형식의 진지한 아다지오는 다양한 감정 표현을 요구하면서 동시에 K.458의 다른 악장의 밝고 익살스러운 성격에 진지한 균형을 제공한다. 모차르트는 '아페투오소(affetuoso)'라는 구체적 지시를 표기하지 않았지만, 제1바이올린의 선율(마디 7-11) 또는 마디 18의 첼로 선율의 연주는 고동치는 화음 반주에 대하여 분명히 '아페투오소'의 특성을 요구한다. 마디 하나하나가 연주자의 세심한 주의를 요하는 정확한 다이내믹 또는 아티큘레이션의 표시로 통제된다. 가령 시작 주제를 효과적으로 연주하기 위해서 정확한 음정만큼 피아노와 스포르찬도의 대비, 레가토와 스타카토의 대비가 중요하다.

단순한 화성구조가 지나치게 정교한 선율의 표면에 가려진 채 놓여 있다. 마디 7-14는 제시부의 제1주제와 제2주제 사이에 '경과구'를 형성한다. 경과구의 첫 4마디는 동형 진행적으로 C단조에서 Bb장조·단조를 거쳐 부속 딸림화음인 'F'로 진행한다. 마디 11의 중간쯤에서, 제1바이올린에서 첼로 성부로 갑작스런 음역의 전이와 마디 11의 둘째 박에서(forte) 증6화음을 유도하는 반음계 진행은 F 장3화음의 도착을 모호하게 만들며, 마디 11에서 목표음인 'F'로의 해결(piano)은 눈치채지 않게 진행된다. 딸림조인 Bb장조는 마디 14의 중간에서 시작된다.

제2주제(마디 15-24)는 3개의 작은 부분으로 나뉜다: 마디 15-17, 18-20, 21-24(끝에서 다시 으뜸조인 Eb장조가 되며, 재현부로 바로 연결된다). 음악 자체만 보면 동형 진행적으로 고안된 주제는 그다지 두드러지지 않지만, 아래 성부의 질주하는 반음계 진행과 결합하여 막연한 동경을 표현한다. 이때 주선율은 아래 성부의 반음계에 대하여 일종의 '데스캔트(descant)'로서 부각된다. (실망스럽게도 자필 악보는 이 부분의 창작 과정에 대하여 어떤 단서도 제공하지 못한다.) 마디 16-21은 주제가 제1바이올린에서 첼로 성부로 옮겨 가면서 텍스처의 전이를 보여 준다. 마디 21-4는 종지적으로 이해된다.

재현부가 제시부의 주제 순서를 상당히 변형시킨 점에서 〈하이든 현악4중주곡〉에서 이례적이다. 제시부의 마디 3-5는 재현부에서 삭제되며, Eb의 상승 아르페지오의 재작업이 계속된다. Eb 아르페지오는 F단조를 유도하여 마디 29에서 변형된 경과구를 시작한다. 마디 3-5의 모티프는 악장의 끝부분(마디 47-50)을 위하여 비축되며, 끝부분에서 마디 3-5의 모티프가 마디 2-3의 아르페지오 음형을 선행한다. 모차르트는 제2주제군의 끝부분을 그대로 반복한다면 복잡한 리듬 때문에 악장에 대한 적절한 마침이 될 수 없음을 예견하였다. 그리고 마디 3-5의 하강 반음계(특히 마디 48에서 C단조의 허위 종지 후 반복될 때)가 적절한 '종결'형('closing' gesture)이 될 수 있음을 주목하였다. 하강 반음계는 긴장을 분산시키고, 마디 2-3의 Eb 아르페지오의 최종 출현을 유도하여 피아니시모(pianissimo)로 끝난다.

K.458의 아다지오에서 겉으로 보기에 많은 주제들은 다소 복잡한 악구 구조를 은폐한다. 악장의 템포가 아주 느리기 때문에 마디보다는 4분음표를 1박으로 계산하는 것이 적절하다. 마디 5-6에서 시작 주제의 재진술(위치가 반 마디 어긋난다)과 동형 진행적 반복뿐만 아니라 첫 14마디 내에 적어도 6개의 서로 다른 아이디어가 들어 있으며, 그들 중 3개의 아이디어가 첫 4마디에 나타난다. 만약 마디 7에 시작하는 주제를 3개의 다른 요소로 구별한다면, 각 요소의 고유한 리듬과 강세의 특징 때문에 그 수는 몇 배로 증가하게 될 것이다. 단지 리듬만 보더라도 첫부분은 마디 9와 10에서 16분음표의 6잇단음을 포함하여 매우 다양하다. 모차르트의 악구 어법은 아주 정교하게 더 큰 균형 내에서 짝수와 홀수 박으로 나뉜다. 첫 5마디를 자세히 보면 점점 확장되는 3개의 주제가(각각 4분음표를 1박으로 계산하여 4박, 6박, 8박 길이로) 연결되어 점진적인 '성장(growth)'의 느낌을 준다. 반면 제2주제의 선행 악구(마디 $14^{3}-17^{2}$)는 점점 '축소되는(foreshortening)' 요소를 통합하는데, 다음과 같이 요약될 수 있다.

2박(도입부: 14^{3-4})

4박(15^{1-4})

3박(16^{1-3})

3(=1+1+1)박(16^{4}, 17^{1}, 17^{2})

다르게 본다면 제1바이올린 주제를 준비하는 2박의 고동치는 16분음표(two beats of throbbing semiquaver)를 포함해서 악구 전체가 6+6박으로 (마디 $14^{3}-15^{4}$, $16^{1}-17^{2}$) 나뉜다. 이 경우 마치 운을 맞춘 듯 소리나지만 실제로 연속 악구 내의 다른 박에서 형성되는 마디 15^{1-3}과 16^{1-3}의 관계에는 흥미로운 모호함이(아마 의도적인) 있다. 너무나 자연스럽게 비대칭적 악구를 구축하고 세분하는 기술은(실제로 쉼표는 음표와 동등하게 중요한 역할을 담당한다) 모차르트 작곡 기법의 완성도를 보여 주는 증거이다.

(4) Allegro assai

소나타 형식의 종악장은 구성의 성공적 실례를 제시한다.

주요 형식의 개요는 다음과 같다.

제시부(마디 1-133)에서 C장조의 긴 경과구(마디 16-46)는 마디 48에서 F장조의 제2주제를 준비한다. 제2주제의 영역에서 대조적인 주제가 다양하게 전개되는데, 먼저 마디 64와 마디 82(진정한 '제3주제'로서 마디 48의 3잇단음형(triplets)보다 제1주제와 더 뚜렷한 대비를 이룬다), 마디 97(마디 16과 비교하시라), 마디 113('화려한 양식'의 종결 주제)과 마디 122(제1주제가 F장조에서 회고된다)를 들 수 있다.

발전부(마디 134-97)는 전적으로 제1주제에 기초하며, 마디 165를 기점으로 해서 마디 199에서 제1주제의 재현을 준비하기 위하여 으뜸조인 Bb장조로 복귀한다.

규칙적 재현부는 제시부의 모든 주제를 순서대로 보존하며, 제시부의 종결 주제를 약간 확장시키면서 으뜸조인 Bb장조로 끝난다.

피날레에서 가장 두드러진 특징은 옥타브 작법, 특히 2개의 바이올린 성부가 연주하는 옥타브 작법이다. 이 기법(가령 마디 9-16과 마디 22-34)은 모차르트가 1772년에 작곡한 디베르티멘토, K.136-8(예를 들면 K.136의 종악장)과 1774년에 작곡한 세레나데 K.203(특히 프레스티시모 종악장)의 텍스처를 연상시킨다. 때때로 모차르트는 현악4중주의 표준 한계를 벗어나 거의 오케스트라 텍스처로 치닫는 듯하다(마디 113-21, 마디 307-13).

모차르트는 이 악장에서 성숙한 고전주의 양식의 모든 특징(규칙적 악구 구조, 정교하게 분절된 선율, 다이내믹의 대비, 텍스처의 유연성, 조성의 극적 구조 등)과 바로크 대위법의 엄격함을 결합하여 '갈랑(galart)' 현악4중주(K. 155-60과 K. 168-73)에서 특히 부족했던 '수평적' 차원과 '수직적' 차원의 이상적인 결합을 성취한다. 모차르트의 초기 현악4중주가 선율과 반주로 짜여진 우아한 갈랑 양식, 또는 거의 바로크적 푸가로 구분할 수 있다면 K.458의 종악장은 2가지 어법의 완숙한 결합을 보여 준다. K.458의 텍스처는 만화경을 보는 듯 너무 다양하지만 동시에 대위법에 근거한 짜임새와 주제의 상관 관계 구조에 의하여 조심스럽게 통제되며, 이 모든 것은 형식의 극적 전개에 봉사한다.

제1주제와 제2주제의 상관 관계는 전후 텍스처의 교차 관계(textural cross-referencing)를 잘 보여 준다. 2개의 주제는 분명히 구별되지만 제2주제(마디 48-56)가 솔로-앙상블의 대비에 의존하므로 제1주제의 특징을 부분적으로 내포한다. 물론 마디 1-8에서 2마디 단위로 '솔로'와 '앙상블'이 교대하며, 마디 48-56은 그 진행을 도치시킨다. 즉 앙상블이 먼저 오고 솔로 바이올린이 연결구를 제공한다.

제시부에서 주제의 전·후 교차의(thematic cross-referencing) 실례를 들면 다음과 같다. (i) 제1주제(마디 1-16)가 제시된 후 제1주제의 종결 모티프(마디 15-16)가 2개의 바이올린과 아래 2성부 사이에서 교창적으로 계속된다; (ii) 마디 97에서 시작하는 풍부한 대위적 악구(제2주제군의 부수적 요소)는 마디 15-16의 모티프를 다시 언급하고, 대위적 악구는 즉시 도치적 대위법으로 재진술된다(마디 106 이후 마디 15-16의 모티프는 첼로에서 제2바이올린으로 옮겨 간다); 그리고 (iii) 제시부의 종결 주제는 마디 122에서 제1주제를 또 한 번 진술한다.

발전부에서 모방대위법은 결정적으로 표면화된다. 마디 140에서 제1주제가 짧은 스트레토로 제시되며, 제1바이올린이 세 차례 동형 진행을 계속한다. 그후 일련의 짝을 이룬 주제가 하강할 때(마디 149-61) 극적인 하강 서스펜션의 고리(a powerful descending suspension chain)가 마침내 D음(V/G단조)으로 종지하면서, 발전부의 첫 단계를 종결한다. 발전부의 둘째 단계는 대부분 확장된 페달음과 함께 진행되는데, 제1주제의 음가를 부분적으로 증대시키거나(마디 169) 또는 조밀한 스트레토(마디 183

이후)로 소개한다. 마디 2의 단편 모티프가 교창적으로 진행된다(마디 179-81). 돌이켜본다면 제시부의 마디 97에서 도치대위법과 고도의 대위적 악구는 유사한 기법으로 충만한 발전부를 미리 예견하는 듯 보인다. K.458의 종악장은 모차르트가 형식을 구축하는 장치로서 대위적 진행을 사용한 또 하나의 실례이다.

K.428(Eb장조)

(1) Allegro non troppo

모난 반음계가 두드러진 유니즌의 조용한 시작은 그후부터 제시부의 가장자리에 머무르는 듯하다. 베이커는 다음 사실에 주목하였다. 악장을 시작하는 유니즌은 12개의 반음 중에서 9개를 포함하며, 온음계적인 4마디의 응답구 후에 마디 12에서 유니즌의 시작 주제가 포르테의 풍부한 화음으로 장식되어 복귀할 때, '빠진' 3개의 반음이 보충되어 12개음의 '집합체'로서 시작 주제가 재진술된다.[10] 풍부한 화성 진행을 강조하는 첼로의 리듬은 마디 13부터 일종의 계획된 '아첼레란도'——즉 7박, 3박, 2박의 단위로 리듬이 점점 짧아지는——를 포함하고 마지막의 점8분음표-16분음표는 긴 경과구를 향하여 돌진한다. 경과구는 느긋한 화성 변화를 수반하는 선율의 계속적인 발전이 특징적이다. 마디 16-17의 유창한 제1바이올린 선율은 마디 20-21에서 하강음계의 단편(falling scale-snippets)으로 응축되며, 하강음계는 마디 24부터 전 성부에서 나타난다. 하강음계는 끊어지는 8분음표 화음 아래서(beneath punctuating quaver chords) 베이스 성부가 되며(마디 29-30), 새로운 대주제(마디 31-33)를 형성하고, 마침내 6/4화음의 트릴과 함께 확고한 종지를 위한 화음을 준비하면서 마디 34-6에서 Bb장조로 끝난다.[11]

마디 40에서 시작하는 제2주제의 조성은 다소 모호한데, 일련의 관계조인 G단조, F장조와 C단조를 도입하면서 딸림조인 Bb장조를 우회한다. (새로운 Bb장조에서 완전 종지는 마디 47-8에 등장한다.) 비올라와 첼로의 아래 2성부의 모방이 지속된 후(마디 52-55) 제시부의 종결 악구가 등장한다. 2분음표의 하강음계는 경과구처럼 3마디 후에 포르테의 종지로 중단되는데 처음에는 장조로 그후에는 단조로 반복되며, 확고한 반음계 종지(마디 62-64)로 연결된 후 16분음표의 질주로 끝난다.

독특한 시작 유니즌과 제시부의 나머지 부분 사이에 명백한 주제의 연관성이 없지만, 악장에 일관성을 부여하는 요소는 피아노와 포르테의 다이내믹 대비이다. 다이내믹의 대비는 마디 12에서 주제가 재진술될 때, 마디 24의 하강 8분음표에서, 마디 31에 삽입된 대주제에서, 제2주제에서(마디 40, 42), 종결 악구의 중단된 종지에서(마디 58), 심지어 16분음표의 장황한 수식에 앞서 마디 63-4의 명료한 종지 등 제시부 도처에서 발견된다.

다이내믹의 대비는 자유롭게 조직된 발전부에서도 계속된다. 발전부에서 첫 유니즌 주제가 모방적으로 제시된 후(제시부의 주제가 사용된 유일한 경우이다), 모든 성부를 관통하는 비르투오소적인 3잇단음의 아르페지오와 마디 75에서 도입된 힘찬 장식음이 번갈아 강조된다.[12] 재현부에서 가끔 제시부의 주제가 다른 악기 편성으로 등장(가령 마디 144에서 제2바이올린이 비올라를 대신한다)하며, 마디 108에서 제2바이올린의 삽입이 조금 확장된 것을 제외하면 재현부는 정확하게 계획적으로 진행된다.

(2) *Andante con moto*

안단테 콘 모토는 완전한 소나타 형식을 갖춘다. 제1주제(마디 1-10)에서 3화음적 베이스가 특징적이며, 모차르트는 베이스 위에서 4도의 상승음정(a rising 4th)과 당김음의 하강음계(syncopated scale descent)로 구성된

빈약한 선율을 전개한다. 악장을 시작하는 불규칙한 5-마디 악구는 내부적 반복으로 악구를 확대시키는 리펠의 작곡 원리를 잘 보여 준다.[13] 마디 3의 끝부터 마디 5까지 주제와 베이스가 계속된 후 우리는 '표준적인' 주제 윤곽에 도달한다. 모차르트의 마디 4는 마디 3의 내부적 동형진행의 반복이다. 리펠의 관점에 따르면 악구의 일시적 불규칙성이 악구의 반복으로 '순화되며,' 결과적으로 좀더 큰 균형을 이룬다(5+5마디 등). 여기서 모차르트는 5-마디 악구를 연결시켜 전체적으로 10-마디의 대칭적 악절을 구축함으로써 정확하게 리펠의 처방을 따른다. 10-마디 악절의 첫 악구(Einschnitt)는 으뜸음으로 종지하며(Grundabsatz), 둘째 악구는 딸림음으로 불완전 종지(Quintabsatz)한다.

제시부의 나머지는 19세기의 소나타 형식 모델을 18세기의 소나타 형식에 적용할 때 발생하는 문제의 실례를 제공한다. 약박의 8분음표로 시작하는 마디 11(마디 10^6-14^5는 제시부의 어떤 주제보다 더 선율적이다)이 제2주제 또는 하나의 긴 경과구가 될 수 있다. 만약 이 부분이 제2주제라면 독립된 경과구가 없으며(마디 10에서 Eb장조의 불완전 종지 후 제2주제가 딸림조에서 갑자기 시작된다), 이 부분이 경과구라면 분명한 제2주제가 없다. 19세기에 규정된 소나타 형식은 2개의 요소, 즉 경과구와 제2주제를 모두 요구한다. 그러나 마디 1-35는 으뜸조와 딸림조의 대비를 포함하므로 위에서 제시된 2개의 해석 중 어떤 것도 18세기의 소나타 형식을 만족시킨다. 즉 소나타 형식에 대한 18세기의 이해에서 조성의 대비가 주제의 표현보다 더 근본적이다. (제2주제가 구조적으로 확실하게 부각되지 않는다.) 어쨌든 위에서 제시된 2개의 대안 중 전자가 더욱 설득력 있다. 그 이유를 설명하면 경과구의 정상적인 기능이 관계조성(단지 딸림조)으로 전조하는 것인데, 마디 10^6-35에서 선율과 화성의 반음계적 변화는 특히 안정적이며, 마디 23-4는 딸림조로 부수적 주제를 가지며, 후에 확고한 Eb장조로 해결된다. 이 부분을 구조적으로 어떻게 해석하든지간에 마디 35까지 보류된 종결은 꽤 인상적이다.

발전부(마디 36-55)는 전적으로 제1주제와 3화음의 반주 음형에서 유래한다. 여기서 모차르트는 3화음의 음형으로 화성 및 텍스처의 다양성을 최대한 즐긴다. 그는 발전부 내내 당김음 선율과 8분음표의 아르페지오를 최상 성부 또는 베이스 성부에 이용하면서 동시에, 마디 46(첼로 성부의 하강 5도의 음가가 확장되어 마디 36의 상승 5도를 대신한다)과 마디 47(8분음표의 하강 3화음)에서 음정을 도치시켜 도치적 대위법(invertible counterpoint)에 몰두한다. 재현부에서 모차르트는 제2주제 음형을 마디 66-78에서(이제는 으뜸조 영역에서) 계속 발전시킨다.

악장 전체의 중요한 특징은 주제의 변형인데, 주제 변형은 표면적인 다양성에 일관성을 제공한다. 마디 10^4-11에서 제1바이올린이 연주하는 첫 선율은 음정과 텍스처에서 변형된다. 마디 15에서 약강격의 하강 6도(anacrusic falling sixth)(G-Bb)는 비올라와 제1바이올린 사이의 상승 반음(rising chromatic semitone)으로 변형된다. 이 지점에서 텍스처도 최상 성부의 선율과 호모포닉한 3성부의 반주에서 2성부가 쌍을 이루는 짜임새로 변형된다. 이러한 진행은 마디 19에서 계속되는데 쌍을 이룬 악기 편성이 변화되고(제1바이올린/첼로, 제2바이올린/비올라), 외성부에서 음정의 도치가 일어난다. 이러한 제2주제의 진행은 분명한 리듬의 정체성과 연결된다. 마디 10^6-22의 전체는 거의 단일한 아이디어임으로 드러나며, 우리는 이 주제의 출발점을 결코 놓칠 수 없다.

(3) Menuetto and Trio, Allegro

미뉴에트는 소나타 형식의 축소판이다. 제1주제는 2개의 요소, 즉 약박의 도약음정(upbeat leaping figure)과 이음줄로 연결된 한 쌍의 8분음표로 구성되며, 반복된 후 Bb장조의 제2주제로(마디 11-12) 연결된다. 제2주제는 지속된 화음 위에서 또 하나의 부수적인 음형과 종결 음형(마디 22-6)으로 연결된다. 제시부는 발전부가 아닌 대조적 에피소드(으뜸조인

Eb에서)로서 '재현부'와 분리된다. 에피소드는 새로운 모티프를 도입하며, 끝에 제1주제를 미리 제시함으로써(마디 34-5) 재현부를 시작하는 제1바이올린이 마치 반향처럼 들린다. 제2주제는 마디 48에서 으뜸조로 재현된다. 제2주제군의 원래 부수적 아이디어(original subsidiary idea)는 종결 직전 카논적 교차 강세(canonic cross-accents)로 충만한 4성부의 장엄한 포르티시모로 확대된다.

미뉴에트와 대조적으로 Bb장조의 트리오는 좀더 발전적이다. 트리오의 첫 부분은 시작 주제의 일부(마디 10-11)를 언급하면서 끝난다. 바로 이 주제는 트리오의 둘째 부분에서 모방적으로 처리되는데, 마디 22-5의 비올라와 제1바이올린 사이에, 마디 26-7의 첼로 성부에, 그리고 종결 부분의 최상 성부에 나타난다. 조성적으로 트리오는 예외적인데, 전반부는 C단조로 시작해서(미뉴에트의 관계단조) 최종 4마디(마디 10-14) 동안 Bb장조로 전조한다. 반면에 후반부는 G단조로 시작해서 마디 22-9에서 F장조로 전조하여(비올라의 멋진 선율로 선행된) Bb장조를 준비한다. 트리오는 Bb장조로 끝나고, 물론 Eb장조의 미뉴에트 다 카포가 뒤따른다.

(4) Allegro vivace

종악장의 경쾌한 시작은 후에 전개될 극적 드라마를 위장한다. 시작 주제는 론도의 특성을 보여 주지만, 이 악장은 소나타 형식이다. 제1주제군(마디 1-34)은 2부 형식(A, B)이며, 'A' 부분은 다시 2부분(마디 1-8, 9-16)으로 나뉜다. 시작 주제는 이음줄로 연결된 한 쌍의 8분음표와, 악구의 후반부에 무게를 둔 독특한 리듬이 특징적이다. 제1주제군이 끝나는 겹세로줄 이후 이음줄 음형은 교창적으로 처리되며, 악센트와 악구 구조에서 하이든적 특징을 보여 준 후 원래의 형태(마디 27)로 복귀하며, 반복 없이 바로 마디 9의 16분음표 악구로 연결된다. 계속되는 경과구(마디 35

이후)는 포르테-피아노의 대비가 특징적인 8분음표의 수직화음(Chordal quaver figure)으로 시작한다. 곧이어 활보하는 아르페지오 음형은 2개의 바이올린 사이에 모방적으로 나타나며, 버금가온음조(submediant Key)인 C단조를 강조한다. C단조는 딸림조인 Bb장조로의 전조를 준비한다. (마디 58-9의 딸림음 'F'가 Bb장조를 선행한다.) 제2주제(마디 60)는 새로운 악기편성으로 마디 76에서 반복된다. 제2주제가 반복될 때 3잇단음의 반주가 아래 2성부에 나타나며, 마디 90부터 16분음표의 급류(제1바이올린과 제2바이올린의 쌍과 대비를 이루는 제2바이올린과 비올라의 쌍을 이용한다)가 반복적인 으뜸화음-딸림화음의 종지 위에서(repeated tonic-dominant cadential progression) 진행된다. 또 하나의 부수적 주제(마디 110-118, 마디 118-126에서 반복된다)가 계속되며, 맞물린 3도음정의 하강 음형(descending interlocking thirds)(마디 117과 125의 제1바이올린 음형)으로 끝난다. 3도 하강 음형은 마디 127에서 분리되어 마디 131부터 도치되며, 이때 2개의 8분음표가 첨가된다(마디 132). 첨가된 음형은 마침내 분리되어 위 성부와 아래 성부 사이를 누비다가 마디 140에서 제1주제의 재현을 리듬적으로 준비한다.

제1주제의 정확한 재현이 (반복 없이) 계속되며, 마디 174에서 새로운 조성의 경과구로 연결된다. 먼저 버금딸림조가 암시된 후 F단조로 진행된다. 음악이 갑자기 변화되어 마디 186에서 아르페지오 음형이 G단조로 도입되는데, 아르페지오 음형이 완전한 동형 진행으로 반복되며, 비올라 성부에 부수적 대위 주제가 첨가된다. 그리고 음악은 F단조와 Bb장조를 거쳐 마디 207에서 Eb장조에 도달한다. '재경과구'와 제2주제의 나머지는 제시부와 같이 전개된다. 상당한 규모의 코다(마디 297-342)가 첨가되며, 코다는 제1주제를 다소 새로운 맥락 속으로 변형시킨다. 제1주제는 마디 305-12에서 제1바이올린의 대주제에 대항하듯 연주된다. 마디 321에서 제1주제는(3도음정으로) 외성부의 으뜸음 페달 사이에 낀 내성부로 전이되며, 마침내 교창적 성부 교환(antiphonal exchanges)으로 용해된다(마디 329-34). 4마디의 속삭이는 피아니시모에 응답하는 4개의 의기양양한 종지화음으로 악장이 끝난다.

K.464(A장조)

(1) Allegro

다음 2개의 특징이 1악장에서 지배적이다. 첫째 제1주제의 첫마디 리듬이 집요하게 사용된다. (그러나 이 악장은 결코 '단일 주제적(monothematic)'이 아니다.) 둘째 고전주의 양식에 전형적인 일종의 규칙적이고 대칭적인 악구가 특징적이다.

가령 악장은 2개의 4마디 악구로 시작하는데, 첫 악구는 I도화음에서 V도화음으로 둘째 악구는 V도에서 다시 I도화음으로 돌아간다. 마디 8에서 최초의 리듬이 분해되며 동형 진행적으로 반복된다. 그러나 바로 이 음형과 응답 악구는 여전히 균형잡힌 구조를 가지며, 마디 16에서 으뜸화음으로 종지한다. 제1주제가 모방대위적 짜임새에서(마디 17-24) 여전히 규칙적인 4마디의 악구로 표현된다. 단지 제2주제군에서 이러한 규칙성이 와해된다. 제2주제 자체는 '강박'으로 시작하는 완벽하게 균형잡힌 악구(마디 37-44)이며, 마디 45에서 반복될 때 스트레토의 모방으로 처리된다. 제2주제는 반음씩 상승하는 베이스와 화음의 동형 진행으로 5마디(마디 49-53)로 확장된다. 만약 5마디로 확장되지 않았더라면 제2주제군 또한 매우 대칭적이다. 제2주제군은 내성부에서 당김음의 카논으로 계속되며, 단지 1개의 불규칙한 악구(마디 62-8)를 제외하면 규칙적인 4마디와 2마디 선율의 연속으로 이루어진다. 모차르트는 이례적으로 제시부의 끝(마디 69-87)에 제1주제로 복귀하여 종결한다.

발전부는 〈하이든 현악4중주곡〉에서 가장 길고(74마디 동안 지속되며,

악장 전체의 1/3 이상을 차지한다) 거의 전적으로 제1주제를 이용한다. 단조의 딸림조(E단조)로 시작하면서 발전부는 제1주제를 2마디 간격으로 모방적으로 도입한다. 그후 모차르트는 마치 제시부의 끝처럼(마디 96-9) 제1주제를 종지적 마침으로 처리한다. 계속해서 (i) 점4분음표와 3개의 8분음표에 기초한 '리듬의 스트레토'가 오고(마디 99-103); (ii) 두성부가 짝을 이룬 제1주제의 대화가(paired dialogue entries of the main theme) 복구된 약박으로 계속되며, 마디 105의 G장조 7화음이 마디 122에서 C#화음(V/F#)으로 된다; (iii) 같은 리듬에 기초한 악구가 처음에 3화음으로 위장되어(in triadic guise) 아래 성부의 4분음표로 반주된 후, 제1바이올린과 아래 성부간의 교창으로 진행되다가 점차 전 성부로 확대되며(마디 123-42), 마디 143에서 두 성부간의 대화(paired dialogue)와 밀접한 스트레토가 된다. 재현부를 예고하는 첼로의 페달음 'E'는 바이올린의 제1주제가 또 한 번 변형된 것을 반주한다(마디 150-8).

재현부는 놀랍게도 제시부의 모든 주제를 포함하는데, 두드러진 '경과구'는 딸림조로 전조하는 대신(또는 딸림조의 V도화음으로) 목표의 조성보다 반음 높은 조성(제시부에서 딸림조의 딸림화음 'B' 대신에 C장조를, 재현부에서 딸림조인 E장조를 준비하는 F장조로)에서 그 유명한 선율을 대범하게 도입한다. 우리는 제1주제가 이미 포괄적으로 처리되었으므로 재현부가 같은 주제를 간결하게 압축할 것으로 생각하기 쉽다(가령 K.387의 종악장에서처럼). 그러나 모차르트는 단 한 마디도 희생하지 않는다. 실제로 재시부의 종결 주제는 제1주제의 마디 2의 부수적 처리를 포함하고(마디 242-9), 포르테의 활기찬 최종 4마디에서 제1주제가 옥타브로 중복되면서 확장된다.

(2) Menuetto and Trio

이 악장은 모차르트가 가장 치밀하게 작곡한 미뉴에트 중의 하나인데,

다음 3개의 모티프에 기초한다. (i) 유니즌의 시작; (ii) 제1바이올린의 4 마디 지속; 그리고 (iii) 제2바이올린에서 순차적으로 상승하는 4도음정 (마디 5-8). 3가지 요소가 성부의 다양한 교환 속에서 상호 작용을 한다. 가령 마디 5-8에서 (ii)와 (iii); 마디 9-12에서 (i)와 (ii). 성부간의 모방이 지배적인 부분을 보면, (i)은 마디 13 이후 같은 모티프에 의한 스트레토, (ii)도 마디 17 이후 같은 모티프에 의한 스트레토가 등장한다. 미뉴에트 의 후반부는 소나타 형식의 발전부처럼 발전적인데, 텍스처의 도치(마디 29-32와 마디 34-7에서 성부의 역할이 바뀐다)와 모티프(i)와 (ii)의 도치 를 소개한다. 마디 38-41에서 모티프(ii)와 같은 모티프에 의한 도치, 마 디 57-8에서 모티프(i)에 대한 같은 모티프의 도치가 특징적이다. 재현 부가 시작된 후 모티프의 도치가 마지막으로 사용된다(마디 55). 마디 59-62에서 모티프가 복합적으로 결합되며, 모티프 (i)과 (ii)가 주제-대 주제로 한 쌍(theme-countertheme pairing)을 이루며, 모티프(ii)가 같은 모 티프의 스트레토로 이용된다. 쇤베르크는 교수용 모델로서 이 미뉴에트 를 선호했는데, '변주를 통한 모티프의 발전'과 '모티프를 변형시키지 않으면서 기본 주제와 주제에 내재된 모든 가능성을 증명하는' 미뉴에트 의 대위 기법을 극찬했다.[14]

E장조의 트리오는 미뉴에트의 치밀한 모티프 작업과 대조를 이룬다. 트 리오의 풍부한 텍스처(선율과 반주로 이루어진)는 겹세로줄 이후(딸림조를 개척해 간다) 활기찬 3잇단음의 아르페지오로 구성된 에피소드에서도 특 징적이다. 마디 25에서 시작 악구가 재현되며, 선율과 반주는 장식된다.

(3) Andante

K.464의 안단테 악장은 변주 형식이다. 악장의 전체 구조(제5장에서 변주 형식의 수사학적 관점이 좀더 상세하게 논의된다)는 거침없이 단순하 며, '화성' 변주(harmonic variation)의 무수한 실례 중의 하나이다. 각 변

주는 2부분 형식(8+10마디로 구성되며, 각 악구가 반복되고, 중간쯤에서 화성의 기초는 변하지 않은 채 딸림조로 전조한다)이며, 변주가 진전될수록 주제가 장식된다. 변주 1은 제1바이올린에 계속되는 32분음표의 선율 장식을 도입하며, 같은 선율은 변주 2에서 텍스처의 중간 성부로 옮겨 가서, 일종의 오스티나토 기능을 한다. 변주 3에서 텍스처는 뚜렷하게 변화하는데, 쌍을 이루는 아래 2성부와 위 2성부간의 대화가 계속된 후 4개의 성부는 마지막 종지에서 결합한다. 성부간의 대화는 계속되는 단조(minore) 변주에서 더욱 철저하게 이용된다. 변주 4는 새로운 리듬 요소(16분음표의 3잇단음)를 부수적으로 첨가하여 겹세로줄을 경계로 악기 편성이 변화됨을 (제1바이올린/첼로에서 제2바이올린/비올라로 바뀐다) 분명하게 규정한다. 변주 4의 둘째 부분은 14마디로 확장된다. 진지한 모방이 특징적인 변주 5의 각 부분은 반복 없이 작곡되었으며, 둘째 부분은 8마디로 축소된다. 변주 5는 대화 기법을 더욱 확장시켜 시작 부분에서 쌍을 이룬 위성부와 아래 성부는 4×2 카논을 암시하며, 더욱 빠르게 변화하는 텍스처에 몰두한다. 가령 마디 102에서(변주 5의 첫부분이 반복될 때) 쌍을 이룬 2성부간의 카논이 유지되는 반면, 악기의 배합은 제1바이올린/비올라, 제2바이올린/첼로로 변화한다. 마디 110에서 2개의 내성부가 쌍을 이룬다. 변주 악장의 절정을 이루는 마디 118에서 모차르트는 부점음형의 4:1 모방(4성부가 1박의 간격으로 모방한다)을 도입하며, 카논 진행의 짝을 이루는 악기는 더욱 빠르게 변화한다. (마지막 종지까지 실제로 2마디마다 악기 편성이 변화된다.)

변주 악장에서 가운데 위치한 3개의 변주를 하나의 '하위 그룹(sub group)'으로 간주할 수 있으며, 하위 그룹의 보다 큰 목표는 4중주 기법에서 성부간 대화의 가능성을 모색하는 것이다. 각 변주는 뚜렷한 개성을 지니면서, 동시에 악장의 좀더 포괄적인 구조를 결정하는 데 중요한 역할을 한다. 변주 6은 원래의 악구 구조(8+10, 각각은 반복된다)로 복귀한다. 변주 6은 변주 2의 오스티나토 요소를 집중적으로 이용하며, 첼로의 독특한 리듬이 코랄과 유사한 제1바이올린·제2바이올린과 비올라의 레가토 선율을 반주한다. 확장된 코다(마디 144-86)는 점차 위 성부로 이동하는 첼로의 리듬을 계속 이용하며, 원래의 텍스처와 화성으로 시작 주제를 재진술(원래의 마디 1-4 후 마디 12-18이 뒤따른다)한 후 변주 5(마디 174-7)와 변주 6의 첼로 오스티나토를 회상시키면서 끝난다.

K.421의 피날레처럼 K.464의 변주 1-4에서 모차르트는 겹세로줄 이후 각 변주의 둘째 부분을 첫째 부분의 시작과 같은 리듬 또는 텍스처로 정확하게 반복함으로써 음악적 '운(rhyme)'을 만든다. 가령 변주 1에서 마디 18-19의 제1바이올린의 32분음표와 아래 성부의 반주는 마디 26-7에서 재현된다. 그리고 변주 3에서 쌍을 이루는 악기 편성(2개의 바이올린과 비올라/첼로)은 마디 62-4에 보존된다. 변주가 진행됨에 따라 모차르트는 점점 화성의 원래 구조에서 벗어나는데, 변주 3의 마디 60-1과 마디 69-72를 예로 들 수 있다. 그리고 변주 4의 둘째 부분은 첫 8마디 동안 딸림음 페달을 확장하면서 원래의 화성에서 더욱 급격하게 이탈한다. 변주 5에서 원래의 화성 구조는 거의 추적할 수 없을 정도로 변화된다.

(4) Allegro non troppo

소나타 형식의 종악장은 대위법으로 충만하다. 하강 반음계의 주제(a falling chromatic theme)와 대주제가 쌍을 이루며 악장을 시작한다. 제1주제군은 다양한 유형의 대위적 짜임새로 계속된다: 예를 들면 쌍을 이룬 성부간의 대화(마디 8-14), 1마디 간격으로 모방되는 시작 모티프(마디 17), 밀집한 스트레토(마디 29-32)와 바이올린 성부의 응답(마디 31-8). 제2주제군에서 페달음이 두드러진다. 모차르트는 먼저 악장을 시작하는 반음계 주제를 페달음 'E' 위에 모방적으로 재배치한다. 페달음 'E'는 곧 텍스처의 중간 성부로 옮아가는데, 제1바이올린과 비올라의 대주제가 10도 간격으로 연주한다(마디 50). 제시부의 종결 부분(마디 66-81)은 대부분 페달음 위에 걸쳐 있으며, 이러한 짜임새는 발전부에서 계속되는데 B단조의 딸림음으로 갑작기 전조된 후(마디 84) 페달음 'G'가 계속된다. 새로운 대주제(마디 95-6의 바이올린 성부)와 시작 반음계의 주제가 5도 권의 화성 진행을 보여 준다. 즉 G장조의 확장 이후 A단조(마디 96-7), B단조(98-9), C#단조(100-1)를 거쳐 2배의 빠른 속도로 F#, B, E, A를 경유하여 C#화음에서 종지한다(마디 113). 이때 1종 대위법(1음 대 1음) 코랄이 조롱하듯이 알라 브레베로 도입되면서 음악의 흐름이 갑자기 중단된다. 코랄은 후에 제2바이올린의 연속적 8분음표로 장식된다.

거의 규칙적인 재현부가 연주된 후(마디 203-4가 마디 209-10에서 다시 반복되며, 대위법의 정확한 성부 배치가 일부 변경된다) 악장은 확장된 코다로 종결한다. 코다는 발전부에서 처음 선보인 8분음표의 반복(마디 96)을 대주제로 시작 주제의 반음계에 대하여 도치대위법으로 발전시킨다. 마디 233에서 가령 반음계의 주제는 최상 성부에 있고 8분음표의 대주제가 아래에 위치하는데, 마디 236에서 그들의 위치가 도치된다. 마디 236-48에서 주제와 대주제는 텍스처의 전 성부로 이동하며, 시작 주제의 몇몇 주제적 '단편'(some thematic 'fragmentation')을 통합하면서(마디 242와 245의 레가토 선율은 첫 4개의 반음들의 동형 진행으로 구축된다) 음악은 비슷한 짜임새로 계속된다. 종악장은 시작 반음계 주제를 마침 종지로 가볍게 전환시켜 피아니시모로 끝난다.

K.465(C장조)

(1) Adagio, Allegro

K.465의 아다지오 도입부는 '불협화'라는 이 곡에 붙은 별명의 원인을 제공한다. 실제로 아다지오 도입부는 마디 3과 7의 첫 박에 온음의 덩

어리(whole-tone clusters) 같은 짧고 가벼운 불협화음을 포함한다. 이를 제외하면 아다지오의 화음들(하강하는 반음계 베이스에 기초하며, 고전주의 시대에 결코 예외적 현상이 아니다)[15]은 18세기의 조성 내에서 문제가 되지 않는다.[16] 예외적인 점은 마디 1-9에서 화음의 독특한 변화가 지속되면서 우리의 기대를 보호하게 한다. 실제로 조성의 관점에서 보면 첫 9마디는 시작부터 C장조를 분명하게 확립하지 않는다. 마디 1에서 첼로가 반복하는 'C' 음들은 처음에 으뜸조를 암시한다(C화음을 구성하는 다른 음들이 없기 때문에 모호하지만). 그러나 폴리포니의 다른 선율들이 마디 1-4동안 시작할 때 모차르트는 Ab화음의 제1전위를 확립하는 듯 보인다. 그러나 다시 마디 3-4에서 모차르트는 더욱 반음계적으로 고양된 G화음으로 방향을 바꾼다. G화음의 의미를 갖는 '몇 박'이 C장조를 암시하는 정도만큼 C장조가 마디 5까지 으뜸조임을 암시할 따름이다. 마디 5부터 선행 악구의 동형 진행이 온음 아래서 반복한다. 그후 반음계가 지속되는 마디 9-16에서 'C' 음은 가장 그럴싸한 '최고의 매력포인트'로서 암시된다. 마디 9-12의 하강화음(각 마디는 단지 1개의 화음을 암시한다)과 마디 13-14에서 첫 박의 화성 진행(근본적으로 G의 딸림7화음이 C 장3화음으로) 및 마디 15-16에서 증6화음(Ab-C(-D)-F#)이 G 장3화음으로 해결되는 암묵적인 사인을 동시에 고려할 때 음악의 윤곽은 천천히 그리고 회고적으로 드러난다. 딸림화음이 준비되는 동안 첼로 성부는 나머지 성부에 대항하듯 연주하며, 마침내 마디 22에 확고한 딸림7화음이 온다. 아다지오는 분명한 조성감(한동안 음악적 강세와 관련되어)을 억제함으로써 긴장을 성공적으로 성취한다. 희미한 영상은 마침내 예리한 초점으로 조정된다.

계속되는 알레그로는 명료한 C장조에서 반가운 위안으로 다가온다. 천진한 첫 8마디 악구는 2마디 단위로 반복되는 동형 진행과 4마디의 응답구로 구성된다. 4마디의 응답 선율은 뚜렷한 6도 하강음정(a prominent falling sixth)의 반복에서 유래한다. 실제로 8마디의 시작 악구는 첫 2마디에 기초한 일종의 축소형 '발전부'이다. 마디 25와 26은 마디 23과 24의 동형 진행이며, 마디 27은 마디 23의 또 하나의 동형 진행이다. 마디 28과 29는 계속해서 선행 악구의 더욱 짧은 단편들로 구성된다. 고도로 발전된 이 악구 구조를 앞에서 언급한 리펠의 이론으로 설명하는 것이 가능할지라도(악구의 중간 부분에서 유래한 음형의 '내부적 반복(internal repetitions)'을 통합한 것이라고 설명할 수 있다), 억지 설명은 이론과 최상의 고전주의 음악 실제 사이에 존재하는 틈을 더욱 강조할 따름이다.

악장의 시작 악구는 비올라와 첼로의 간결한 대위법을 첨가하여 버금딸림조와 당김음을 암시하면서 반복된다. 제1주제가 스트로레토로 도입되는 마디 44부터 경과구가 시작되며, 마디 55에서 D화음에 이른다. 경과구의 도중에 또 한 번 주제의 '발전부'가 있다. 마디 50에서 제1바이올린의 16분음표는 후속 2마디에서 1박씩 교대로 대화를 유도하며, 마디 53과 54에서 상승음계로 발전하는 리듬의 '기어 변화(gear-change)'가 계속된다. 마디 57에서 16분음표의 더욱 연장된 음형 처리 또한 '발전적'이다. 마디 56의 하강음계에 하나의 '꼬리음형(suffix)'이었던 전과음-음형 (changing-note pattern)이 마디 59에서 '머리음형(prefix)'으로 변화되어, 제1바이올린과 비올라 사이에서 나오며, 그 음형은 다시 한 번 분해되기 전 마디 61에서 치솟는 최상 성부 주제에 대한 베이스 선율로 봉사한다.

제2주제군(마디 56에서 G장조로 시작하며)은 마디 71의 종지로 세분된다. 마디 71 이후 부주제(a subsidiary theme)가 3잇단음형과 후에 약박의 당김음 주제(syncopated off-beat entries)를(마디 77-83) 도입한다. 마디 91에서 두번째로 G화음의 종지에 도달한 후 모차르트는 제1주제(마디 96에서 도치된다)를 회고하면서 제시부를 끝맺는다. 한편 제1주제는 멋진 베이스 성부로 나타나(마디 99) C장조의 복귀를 준비한다.

발전부는 전적으로 제1주제에 근거한다. 발전부는 'B♭' 페달음 위에서 버금딸림조를 암시하면서 매 2마디 간격으로 주제의 모방으로 시작하여 D단조로 진행된다(마디 111-14에서 A음의 딸림7화음이 암시된다). 그러나 마디 115에서 딸림7화음(F음)으로 순조롭게 진행되지만, 해결의 기대감(Bb화음으로 진행)은 또다시 저지된다. 대신에 딸림7화음(F)은 증6화음으로(F-A-C-D#) 처리되어 마디 121에서 E화음(V/A단조)으로 해결된다. 바로 이 순간부터 주제는 긴장감 넘치는 새로운 8분음표 모티프에 대한 베이스역을 하다가, 최초의 2분음표 붙임줄이 제거된 제1주제의 리듬에 기초한 스타카토 음형으로 융해된다. 비올라와 제2바이올린의 강력한 당김음의 내성부와 함께 외성부 사이의 모방으로 진행하는(in imitation between the outer parts) 이 음형은 발전부의 절정——아마도 악장 전체의 절정——을 이루며, A단조·D단조·G단조와 C단조를 (마디 125-39) 경유한다. 그후 일련의 하강 동형 진행을 거쳐(마디139-42) 마디 121의 텍스처가 마디 147에서 다시 출현한다. 마디 155에서 재현부가 시작되며, 마디 156의 버금딸림조의 암시와 마디 163에서 시작하는 대주제의 대위적 처리가 눈에 띈다. 재현부의 끝 부분(제시부처럼)은 종지하지 않고 반음계적으로 재현부의 반복을 유도하며 그후 코다로 연결된다.

코다(마디 227-46)는 발전부 시작의 화성(버금딸림화음과 웃으뜸화음)을 연상시키면서 시작한다. 최상 성부에 오페라 부파 양식의 새로운 종결 주제(마디 235-8)와 그 리듬에서 파생된 선율(마디 235-6, 마디 238-9)을 반주하면서 제1주제의 대위적 모방이 지속된 후 코다는 으뜸음 페달 위에서 조용하게 끝난다.

(2) *Andante cantabile*

안단테 악장은 축소된 소나타 형식이며, 이 현악4중주곡에서 표현적인 '심장부'(the expressive 'heart')에 해당한다. 제1주제군(마디 1-25)은 제1주제의 진술(마디 1-12)과 경과구(마디 13-25)를 포함한다. 제1주제의 마디 1-4는 마디 5-8로 응답되며, 계속되는 종결 주제(마디 9-12)로 마무리된다. 경과구는 '도피음(échappée)' 음형에 근거한 모티프(마디 13에서 제1바이올린 성부의 **C-B-D-C**)가 특징적인데 이 음형은 외성부에서 교대로 나오며, 동시에 제2바이올린과 비올라가 내성부의 화음을 채운다 (마디 13-25).

제2주제군(마디 26-44)은 딸림조인 **C**장조로 시작하며, 반복음의 음형의 모방과 서스펜션에 기초한다. 모방은 첼로 성부의 16분음표의 장식 오스티나토 위에서 펼쳐진다. 제2주제군은 2개의 종결화음들(마디 26-31)과 반복음 음형이 수직화음으로 변형된 악구로 일단락되며, 축약된 **C**장조 종지로(an elided C major cadence) (마디 39) 끝난다. 여기서 '경과구' 모티프는 다시 도입된 후(마디 41-3에서 모티프의 울림은 점점 빨라진다) 장식된 재현부가 으뜸조에서 시작한다(마디 45).

장식된 재현부는 기대된 조성의 변형을 포함한다. (마디 58-74에서 원래의 경과구는 풍부하게 장식된다.) 재현부는 마디 85까지 제시부의 윤곽을 따른다. '제2의 발전부(a secondary development)'가 마디 75-8을 단조로 반복하며, 곧 F단조로 확장된 후 Ab장조를 경유하여 5도권으로 진행된다. '제2의 발전부'는 풍부한 악기 편성과 반음계적으로 채색된 마디 81-4의 화음 반복으로 절정에 이르며, 마디 101에서 F장조의 으뜸화음으로 끝난다.

코다에서 모차르트는 '경과구'의 모티프로 복귀해서 그 모티프를 16분음표의 반주와 최상 성부의 대조적 대주제에 맞서서 제2바이올린에 배치한다. 첼로 성부에 16분음표 오스티나토가 복귀하면서 코다는 끝난다.

(3) Menuetto and Trio. Allegro

K.465의 미뉴에트는 또 하나의 축소된 소나타 형식이다. 첫 부분은 불규칙한 악구로(4+2+5 [=1+4]) 나뉘며, 독특한 리듬과 악구, 음정으로 구별되는 몇 개의 분명한 주제적 요소를 도입한다. 텍스처는 매 악구마다 변화하며 선율-반주, 유니즌, 풍부한 대위법 등을 포함한다. 시작 주제

(마디 1-4) 이후 대조적 유니즌이 포르테로 오며, 바로 이 유니즌에서 세 번째 요소(마디 6-11)가 도출된다. 셋째 악구는 아래 성부에 대조적인 대주제(a contrasting countertheme)와 제1바이올린에 유니즌을 재배치하며, 새로운 도치음형(마디 8)으로 발전된다. 도치음형은 마디 12의 스포르찬도 D장조 7화음까지 모든 성부에서 대위적으로 발전한다. D장조 7화음은 4마디 후 딸림화음인 G화음으로 해결되고, 이때 가벼운 4분음표의 반주와 이음줄로 연결된 한 쌍의 8분음표가 특징적인 종결 주제가 도입된다.

마치 소나타 형식의 발전부처럼 미뉴에트의 둘째 부분은 항상 새로운 음악으로 전개된다. 둘째 부분은 반음계적으로 변형된 유니즌 시작 주제(마디 20^3-24), 페달음 위에서 선율의 반복(마디 24 이후), 베이스 성부의 주제(마디 27 이후), 텍스처의 도치(마디 32 이후), 짝을 이루는 성부의 배치(마디 36 이후)와 대위적 모방(마디 39 이후)을 포함한다. 마디 39의 대위적 모방은 재현부의 역할을 한다. 마침내 종결 주제는 포르테로 반복된다.

트리오(마디 28-9의 첼로 성부에서 시작하는 재현부로서 소나타 구조의 영향을 보여 준다)의 악구 구조는 훨씬 더 대칭적이다. 트리오의 첫 8마디는 균형적 악구로 구성되며, 표준적 구조가 마디 9-12의 모방적 대화에서도 계속되고, 겹세로줄 이후 동형 진행적으로 확대되어 최후의 12마디에서 가지막으로 장식된다. 마지막 12마디 동안 텍스처는 도치되어 첼로가 주제를 연주한다(첼로는 베이스 성부로서 완벽한 역할을 한다). '발전부'는 첫 주제의 도치로 시작하며, 딸림음 페달 'G'가 재현부를 준비하는 동안 마디 9-12의 카논 진행으로 복귀하면서 끝난다(마디 25-8).

(4) Allegro molto

종악장은 소나타 형식의 경쾌한 콩트르당스이며, 제시부(마디 1-136),

발전부(마디 136-98), 재현부(마디 199-371)와 코다(마디 371-419)로 구성된다. 종악장의 악구는 지칠 줄 모르는 에너지로 충만하며 규칙적으로 전개된다. 모차르트는 여러 가지 방법으로 규칙성을 와해시키는데, 음악의 갑작스런 단절은 가장 대표적인 방법이다. 제1주제는 하이든의 음악처럼 9회 이상 갑자기 쉼표로 중단되는데, 쉼표 이후 곧바로 이전의 순간적인 힘이 다시 회복된다. 갑작스런 단절뿐만 아니라 음역의 대비, 다양한 텍스처, 조성의 일탈을 이용하여 음악적 대비를 필요한 곳에 투입한다.

음역과 다이내믹의 짧은 대비는 마디 16-17 및 마디 20-21(포르테의 삽입)에 있다. 또 다른 예로서 마디 34에서 피아노와 포르테의 대비, 마디 162에서 갑작스런 포르테의 폭발을 들 수 있다. 텍스처의 대비는 종악장에 지속적으로 나타난다. 가령 마디 54에서 제2주제의 짜임새는 명료한 2개의 대위적 선율로 축소되며, 짜임새의 변화는 음정의 넓은 도약과 견실한 16분음표의 트레몰란디(tremolandi)가 특징적인 경과구(마디 34-53)로부터 반가운 휴식을 제공한다. 4성부에서 제2주제가 반복된 후 솔로 바이올린의 콘체르탄테 악구가 나머지 성부의 가벼운 반주와 함께 계속되며, 딸림조를 확증하는 강약이 교대하는 종지진행(alternate loud-soft cadential progression)으로(마디 83-7) 끝난다.

기대치 않은 조성 변화가 또 하나의 대비를 제공한다. 모차르트는 Eb장조의 새로운 옥타브 주제로(마디 89) 제2주제군의 흐름을 중단시킨다. 새로운 옥타브 주제는 반음계적으로 진행하여 G장조로 복귀하며, 마디 103부터 제시부의 종결 주제가 시작한다. 종결 악구는 반복적인 3개의 8분음표와 하강 5도의 새로운 음형을 도입하는데(마디 125-6), 이 음형은 제1주제처럼 약박으로 시작한다. 종결 악구의 음형은 후에 발전부에서 계속 이용된다.

발전부에서 제1주제가 동주음 단조로 시작되며, 이러한 조성의 대비는 마디 150에서 갑자기 멈춘다. 마디 152-2에서 Eb장조로 음악이 단편적으로 재개한 후 종결 모티프(마디 125-6)의 스트레토가 시작한다. 종결 모티프는 처음에 제1바이올린이 연주하는 제1주제의 단편과 교대로 나오다가 마디 160-80에서 전 성부로(가끔 도치되어) 확대된다. 마디 165부터 모차르트는 5도권의 진행으로 즉 E단조, B단조, F#단조, C#단조, G#단조를 경유하며(각 '조성'은 딸림화음으로 짧게 확립되며, 즉시 다른 조로 옮겨 간다) 빠르게 전조하다가 E장조의 딸림화음(V/E)으로 종결한다(마디 180). 지금까지 으뜸조와 가까운 관계조들의 조성감은 손상되었다.. 발전부에서 보여 준 화성의 대담성은 약 3년 반 후에 완성된 G단조 교향곡(K.550) 종악장의 발전부를 미리 보여 주는 듯하다. 제1주제가 거짓 재현부에서 E장조/단조로 3번 단편적으로 제시된 후 진정한 재현부가 마디 199에서 시작된다. 모차르트는 마디 192-8에서 스타카토 반진행 음계를 전체 앙상블에 걸쳐 부채꼴 모양으로 확대시키면서, 복귀경과구의 화성적 긴장감의 축소는 단순함과 자료의 경제성에서 거장적 면모를 보여 준다.

제시부와 가장 큰 차이점은 재현부의 마디 292-326에서 마디 89-103(제2주제군을 잠시 중단한 Eb장조 부분)이 확대된 점이다. 처음 Ab장조로 시작한 새 주제는 Db장조로 외성부 사이의 대화로 다시 나오며(마디 308), 베이스 성부가 딸림음 G까지 반음계적으로 상승하여(마디 308 이후) 마침내 으뜸조인 C장조가 마디 326에서 회복된다. 마디 326의 콘체르탄테 악구는 재현부의 절정을 이룬다. 발전부의 극단적 화성 처리에 균형감을 주기 위하여(아마 바로 직전에 내림표 조성으로 일탈을 보상하기 위하여) 모차르트는 확장된 코다를 덧붙인다. 코다는 제1주제로 복귀하며(마디 371) 4성부 모두에 완전하게 표기된 트릴(a written-out trill)과 몇 개의 새로운 선율로 절정을 이루는 일련의 종지적 제스처로서 으뜸조인 C장조를 확고히 한다. 코다는 제시부의 끝에서 가져온 8분음표 음형을 최종적으로 반복하면서 끝난다.

5

이론적 관점

이 책의 4장에서 〈하이든 현악4중주곡〉의 개별 작품에 대한 전체적 개관을 살펴보았다. 5장은 18세기의 수사학 및 토픽 이론(topicality)과 관련하여 선택된 몇몇 악장 또는 악장의 일부분에 대하여 이론적 배경을 제공한다.

모차르트는 단 한 권의 음악 이론서도 저술하지 않았으며, 그가 특정 음악 이론에 전념한 사실도 알려져 있지 않다. 그러나 그의 아버지 레오폴트는 음악 이론에 남다른 관심을 가졌으며, 푹스·마테존 그리고 리펠의 저서를 꽤 많이 소장하였다. 레오폴트는 언젠가 직접 이론서를 집필하려는 의도를 그의 아들에게 말하기도 했다.[1] 따라서 모차르트가 18세기의 음악 이론에 무관심했을 것 같지는 않다. 그러나 모차르트의 편지에 음악 이론에 관한 언급은 거의 없다.

5장의 목적은 그 당시를 지배한 음악 이론의 토대 위에서 18세기 후반의 음악가들이 모차르트의 〈하이든 현악4중주곡〉을 이해했을 법한 방식을 설명하고자 하는 것이다. 결과적으로 5장에서는 4장의 전체적 개요에서 가능한 적절한 설명보다 개별 악장의 특별한 면모를 좀더 광범위하게 연구하고자 한다.

수사학적 접근

음악 형식을 수사학에 비유한 사고는 18세기 동안 결코 특별한 것이 아니었다. 포르켈은 연설의 통상적 구분을 음악 형식의 분석에 적용하였다.

음악수사학과 음악미학의 중심 요지 중의 하나는 음악적 아이디어의 배열과 아이디어를 통해 표현된 감정의 진행 과정이다. 결론적으로 연설의 중심 사상들이 우리 영혼에 전달되고 논리적 원리에 따라서 진행되는 것처럼 음악적 아이디어는 특별한 일관성을 가지고 우리의 가슴에 전달된다. 적절한 방법으로 배열된다면 음악적 요소들은 감정의 언어에 비유된다. 음악의 요소들은 사고의 언어 체계에서 훌륭하고 독창적인 연설가들이 보유하는 친숙한 요소들, 즉 '도입(exordium)' '제안(propositio)' '논박(refutatio)' '증명(confirmatio)' 등과 동등하게 간주된다.[2]

포르켈에 의하면 음악의 '연설'은 다음의 3단계로 구성된다:
 (i) Erfindung – 기본 선율 또는 아이디어의 발명
 (ii) Ausführung (또는 Anordnung) – 악장의 설계, 'Erfindung'의 기본 아이디어가 논리적 순서로 배열
 (iii) Ausarbeitung – 악장의 실제적 작곡, 즉 주제 · 화성 · 악구와 악절의 상세한 작곡이 실행된다.

포르켈의 견해는 연설을 구성하는 5단계 중 첫 3단계에 해당하는 '발명(inventio)' '배열(dispositio)' '양식(elocutio)'과 관련된다. 이 개념들은 키케로와 퀸틸리아누스 같은 고대 고전 작가들에 의해서 이미 기술되었고, 18세기의 수사학 저서는 이러한 고대 이론가들의 작품에 기초한다.[3] 각각의 개념들은 하나의 연설이 구축되는 기술적 · 실용적 수단이다. 둘째

단계인 '디스포지치오'는 전형적으로 6개의 부분으로 나누어진다: 도입 (exordium), 사실의 진술(narratio), 제안(propositio), 증명(confirmatio), 논박 (disputatio), 결론(peroratio). 포르켈의 이론서 첫장에서 그는 음악 형식의 '수사학'적 구분을 위에서 언급된 6단계와 관련시켰다.[4]

수사학에 대한 레오폴트의 지대한 관심을 보여 주는 충분한 근거는 있 다. 바이올린 주법에 관하여 기술한 《기본 바이올린 교습서법 시론》(아우 크스부르크, 1756)[5]을 쓰기 전에 레오폴트는 수사학 원문의 연구에 몰두 하였다. 레오폴트는 1755년 6월 9일과 8월 28일에 아우크스부르크의 출 판업자 로터에게 그 당시 유명한 수사학자이면서 동시에 사전편찬자였 던 고체트의 저서를 주문하는 편지를 보냈다. 아마도 한때 고체트의 제 자였던 미츠러의 추천에 의한 듯하다. 미츠러는 레오폴트가 한때 정기 구독했던 라이프치히의 저널 《새음악 도서》(1739-54)의 편집자를 역임 하였다.[6]

수사학은 모차르트의 〈하이든 현악4중주곡〉에 사용된 몇몇 작곡 기법 과 관련하여 흥미로운 관점을 제공한다. '인벤치오(Inventio)'(포르켈의 용 어로 'Erfindung')는 분명히 한 악장의 제1주제 재료, 즉 '영감'의 재료에 적용된다. K.428의 안단테 콘 모토 악장, K.465의 종악장, 또는 K.464 의 느린 변주 형식의 악장에서 '인벤치오'는 분명히 선율적이다. 또한 베 이스 성부에서 샤콘의 하강 4음음계(D-C-B-A)를 특징으로 하는 K.421 의 시작 부분에서 '인벤치오'는 선율적이면서 동시에 화성적이 될 수 있 다. 호성적 '인벤치오'는 악장의 시작뿐만 아니라 K.421의 첫 악장의 발 전부에서 나타나듯 화성적으로 진행하는 악구를 에워싸기도 한다. K. 421의 첫 악장의 발전부에서 화성적 '인벤치오'는 Eb장조(마디 42)로 시 작하여 A단조(마디 46)로 향한다. 또 하나의 예를 들면 K.428의 알레그 로 논 트로포 악장의 마디 34-40에서 절정을 이루는 종지적 제스처는 마디 37에서 크레셴도 되는 반음계적 증6화음으로 훨씬 효과적이다. 경 과구 또는 발전부를 시작하는 화성은 '인벤치오'의 단계에 속하지만 화음의 정확한 배열(즉 기본적 화성 진행과 주제 재료의 조합)은 다음 단계인 '디스포지치오(dispositio)'(포르켈의 Ausführung)에 속한다. 예를 들면 A장조 현악4중주 K.464의 제1악장 제시부의 '제1주제'와 '제2주제'를 연결하는 경과구는 마디 9에서 동주음 단조로 변화되고 마디 13에서 관계장조인 C장조가 된다. C장조는 마디 32에서 증6화음의 연장으로 강조된 후 마디 33에서 B장조 화음('부분적 딸림조'를 형성)의 확고한 도착을 준비하고, 마디 37에서 E장조('제2주제')로 해결된다. 여기서 기본적인 진행은 '인벤치오'이며, 화성 진행에서 각 단계를 실제적으로 연결하는 시작 주제의 대위적 짜임새(마디 9), 새로운 주제(C장조)의 삽입, 그리고 마지막으로 B장조를 강조하는 견고한 종지 진행등의 모든 기술적 진행은 수사학의 다음 단계인 '디스포지치오'에 해당한다.

포르켈의 3단계(Erfindung, Ausführung, Ausarbeitung)는 음악 작품의 창작 과정 속에서 개념적으로 분리된 용어들——즉 첫 단계의 발명('영감'의 자료), 그 다음 기술적인 '구체화'의 과정 등——을 연속적 단계로 보게 한다. 그러나 문제는 결코 간단하지 않다. '인벤치오'에 관한 퀸틸리아누스의 논의는 발명과 판단('먼저 아이디어를 발명한 후 우리의 판단력을 적용하는 것이 필요하다') 사이의 관계를 강조한다.[7] 이러한 퀸틸리아누스의 설명이 '디스포지치오'의 단계로 넘어가기 전에 나오므로 수사학에서 '인벤치오'에 대한 사전숙고는 필연적이며, 발명과 배열 사이의 경계선이 가끔 아주 미묘하다는 사실을 암시한다.

이 점은 작곡의 경우에도 마찬가지인데, 모호성은 K.464의 첫 악장의 자필 악보에도 잘 드러난다. 마디 107에서 시작되는 악구의 초안은 Ex. 5.1처럼 계속된다. 초안스케치에서 원래의 화성 '인벤치오'가 G 장7화음(G major seventh chord)을 첫 7마디 동안 연장한다(무반주 제2바이올린의 악구까지 포함하여). 최종본에서 화성 진행은 마디 118에서 C#의 종지(V/F#화음)로 진행되는데, 이러한 화성의 변화는 원래의 '인벤치오'가 '디스포지치오'의 정교한 조성 및 형식의 특성으로 변화됨을 보여 준다.

그러나 어디서 '인벤치오'가 끝나고 어디서 '디스포지치오'가 시작하는 지를 구분하는 것은 불가능하다. 이 부분이 〈하이든 현악4중주곡〉에 나타나는 '재고(second thoughts)'의 유일한 실례는 아니다. 2장에서 논의된 것처럼 K.458의 종악장에서 시작 부분에 관한 모차르트의 최초 착상은 중심 주제를 모방적 짜임새로 제시하는 것이었다. 그러나 후에 모차르트는 최초의 착상을 발전부까지 보류하기로 결정했다. 모차르트의 결정은 다른 구조적 목적(dispositio)으로 사용하기 위하여 원래의 '인벤치오'를 변화시킨 명백한 실례에 속한다. 모차르트는 선율을 '발명한' 후에 계속 '그의 판단력을 시험하면서,' 좀더 방대한 구조적 계획을 위하여 즉각적인 대위법 처리를 보류했다.

포르켈의 3단계, 'Erfindung(발명)' 'Ausführung(배열)' 'Ausarbeitung

'(양식)'의 상호 관계를 보여 주는 또 하나의 방법은 실제 주제 뒤에 숨어 있는 '배경 모델(background model)'이다. '배경 모델'은 하나의 기본 음형(선율 또는 화성)으로서 작곡가들이 계속 발전시키는 실제적 '영감'에 해당한다. 이러한 과정의 구별은 모차르트 시대의 작곡 교수법에 흔히 볼 수 있는 일상적 특징이며, 선율의 수사학적 이해와 선율의 가공에 유용한 보조 수단을 제공하였다.

예를 들면 18세기의 이론서는 종종 '단순한(simple)' 선율과 '장식된' 선율을 구분했다. 즉 후자는 전자로부터 구축되며, 결과적으로 단순한 음형의 선율적 장식이 만들어진다. 이러한 과정은 푹스의 저서 《고전대위법》(빈, 1725)[8]에 실려 있는 종별 대위법의 실례까지 거슬러 올라간다. 이러한 기법은 18세기의 수많은 이론서에 다양하게 통합되었다. 가장 극단적인 예로 코흐의 《작곡 입문서》(라이프치히, 1782~93)[9]에서 단순한 8마디의 선율은 장식과 반복을 통하여 32마디의 완전한 악장으로 확대된다.[10]

K.465의 느린 악장에서 마디 13~23은 단순한 선율과 장식된 선율간의 상관 관계를 구체적으로 보여 준다. 제1바이올린과 첼로의 대화는(후에 내성부와의 대화에서도) Ex. 5.2*a*에 요약된 기본적 화성 진행의 단순한 장식이다. 유사한 경우는 K.458의 느린 악장에서도 발견되는데, 마디 21부터 선율의 장식은 훨씬 더 노골적이다(Ex. 5.2.b). K.428의 제1악장의 제시부에서 경과구(마디 21-5)는 더욱 기본적인 윗보조음과 하강음계 진행(falling scale-progression)의 장식으로 간주된다(Ex. 5.2c).

선율의 장식(K.465의 느린 악장에서 마디 45 이후 시작 주제가 반복될 때처럼)은 포르켈의 수사학 구분의 셋째 단계, '양식(Ausarbeitung)'에 속하는 기법이다. '양식'은 선율과 화성의 '정교화'(우리에게 친숙한 특정 장식음——턴, 트릴, 표현적인 아포지아투라 등——의 적절한 응용)와 관련되며, 동시에 음형의 장식이 악구의 반복과 긴밀하게 연관되어 악구의 더 큰 구조적 변화를 초래하므로 음형의 장식이 악장 전체 구조에 미치

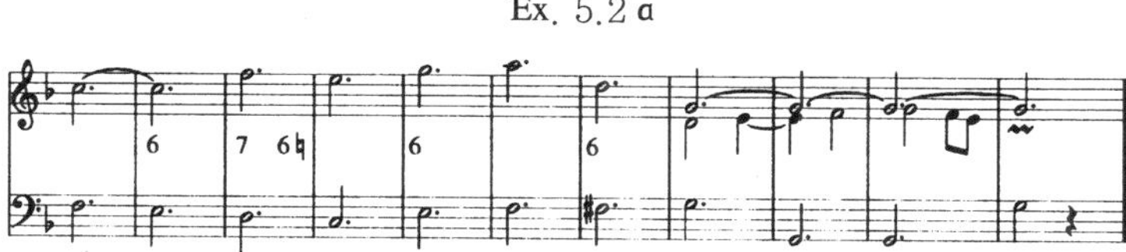

Ex. 5.2 a

Ex. 5.2 b

Ex. 5.2 c

는 영향은 결코 작지 않다. 이러한 음형의 장식은 변주 형식과 에피소드 형식의 작곡에서 중심적 역할을 한다.

원래 주제의 장식은 변주 형식의 설계에 근본적이다. 시스만은 하이든의 변주에 관한 철저한 연구를 통하여 하이든의 변주 형식을 설명하는 수사학적 모델을 개발했는데, 이 모델은 저서 《Ad Herrenium》에서 빌려온 기법에 기초한다.[11] 시스만은 '정교화(expolitio)'라는 수사학적 용어를, 동일한 아이디어를 반복하거나 또는 동일한 아이디어를 계속 장식함으로써 '같은 토픽을 논하면서 동시에 항상 새로운 것을 말하는 것처럼 보이게' 하는 기법으로 설명하였다. 변주 형식에 좀더 광범위하게 적용될 수 있는 또 하나의 수사학적 장치는 '트로프(trope)'인데, 이 개념도 《Ad Herrenium》[12]의 작가에 의해서 논의되었다. 퀸틸리아누스는 '트로프'를 훨씬 더 상세하게 설명했는데(《웅변 교수론》 VIII.vi), 그는 '트로프'를 "한 단어 또는 문구의 적절한 의미를 예술적으로 변형시켜 다른 의미로 만드는" 기법으로 기술하였다(《웅변 교수론》, VIII.vi.1-3). 퀸틸리아누스가 언급한 가장 중요한 '트로프'의 수단은 '메타포(metaphor)'였다. '메타포'를 통하여 "하나의 대상은 실제적으로 다른 어떤 것(우리가 기술하고자 하는 어떤 것)으로 대체된다."[13] 이 기법을 변주 형식의 악장에 적용한다면, 주제의 각 변주는(가끔 예외가 있기도 하지만) 원래 주제의 악구 구조와 화성 구조를 엄격하게 유지하는 동시에 주제의 '메타포'로서 간주된다.

메타포의 모차르트의 변주 형식에서 비유는 음악적 전개를 적어도 2가지 측면에서 설명한다. 선율의 측면에서 K.464, 안단테 악장의 제1변주에서 제1바이올린이 계속 연주하는 32분음표는 원래 주제의 선율 윤곽이 처음에 많이 위장되었음에도 불구하고(모차르트의 음악에서 흔히 볼 수 있는 특징이다) 여전히 주제를 위한 하나의 메타포이다. 그러나 주제의 본질은 부분적으로 유지된다. 마디 1의 당김음은 마디 19에서 한 옥타브 위의 'F#' 음으로 이조되어 나타난다. 그리고 마디 19에서 'F#' 음은 붙임

줄로 연결된 8분음표로 축소되어 32분음표의 진행을 일시적으로 중단한
다. 변주 3에서 당김음은 훨씬 더 분명하게 부각된다. 즉 비올라의 시작음
'D'(마디 55)와 'E'(마디 57)는 선행하는 2개의 바이올린 성부에 대하여
교창적으로 병치된다(juxtaposed antiphonally). K.464의 안단테 악장에서
메타포는 텍스처를 통하여 작용한다. K.465의 변주 악장에서 제3, 4, 5
변주에 특징적인 성부간의 대화(제4장에서 논의된 이 악장의 개요를 참고
하라)는 각각 선행구에 대한 메타포이며, 악장의 중심에 구조적 일관성을
부여한다.

K. 458의 제1악장에 나타난 '토픽 이론'

지난 19세기와 20세기 동안 거의 잊혀진 토픽의 연상(topical associa-
tions)은 모차르트 시대의 음악에 중요한 의미를 제시하는데, 토픽의 중요
성은 최근에 와서 음악학자들의 관심, 특히 라트너의 관심을 얻게 된
다.[14] '토픽'은 일종의 인식 가능한 '코드 체계'로서 '코드'에 따라서 음
악이 창작되고 이해된다. 고전주의 시대에 '토픽'은 일종의 음악적 은어
로서 작곡가, 연주가와 청자 간의 의사소통을 위한 구운을 제공한다. 알
랜브룩에 의하면 작곡가는 '수사학의 이론에서 '토포이(topoi)' 또는 형
식적 담론에서 '토픽'으로 간주되는 음악의 자료들, 표현적 어구를 그의
청중들과 공유했으며 즉각적으로 그들을 이용할 수 있었다……. 각각의
음악적 '토포스(topos)'는 자연 및 역사와 연관성을 갖는데, 이러한 연관
성은 말로 표현되거나 또는 18세기의 청중들 사이에 암묵적으로 공유되
었다.[15] 한편으로 토픽은 다양한 유형의 춤박자를 내포하기도 한다. (예를
들면 K.465의 첫 악장은 미뉴에트 어법을 포착하며, K.465의 느린 악장은
사라반드로 간주될 수 있다.) 또 한편으로 토픽은 이른바 '화려한 양식
(brilliant style)' 어법을 포함하기도 하는데, 가령 K.428의 종악장과(마디

90-104)과 K.465의 마디 69-86에서 발견되는 16분음표의 까다로운 질주가 그러한 예에 속한다. 또한 대범한 선율·화성·리듬, 선율의 넓은 도약, 연결된 악구에서 '아펙트(Affekt)'의 분열, 뚜렷한 단조가 특징적인 고도의 감정 표현 양식인 '질풍노도(Sturm und Drang)'는 K.421의 첫 악장에서 또는 K.465의 종악장의 갑작스런 폭발(마디 39-53)에서 발견된다.[16] 그리고 '진지한 대위법 양식(learned counterpoint)'은 K.387의 종악장과 K.464의 종악장의 전혀 다른 배경 속에서 발견되는 또 하나의 음악적 장치이다. 악장의 상당 부분이 토픽의 연속으로 설명될 수 있다. K.465에서 제1악장의 제시부는 몇 개의 대조적인 토픽, 즉 성악적 '칸타빌레' 양식(마디 23-30), '진지한 대위법 양식'(마디 44-50), '화려한' 또는 '비르투오소' 양식(마디 56-71과 84-91) 등을 포함한다. 아가우가 설득력 있게 증명한 대로 개별 토픽의 특성은 상호 배타적이지 않고, 그들이 공유하는 부수적 특성 때문에 각각의 토픽은 오히려 더욱 설득력 있게 중복될 수 있다. 예를 들면 K.458의 제1악장에서 '사냥' 토픽은 6/8박자인데, 6/8박자의 '중립적' 특성은 '화려한' 양식(마디 11 이후), 코다에서 절정을 이루는 '진지한 대위법'(마디 239 이후)과 같은 다른 특징을 동반할 수 있다.[17]

연설가와 마찬가지로 작곡가들에게도 '토픽'은 유용한 음악적 재료를 도출해내는 '원천(sources)'이다. 그리고 토픽은 청자들에게 하나의 참고 사항, 즉 음악을 인식 가능한 유형으로 변화시키는 일종의 '격자(grid)'를 제공한다. 토픽은 특정 상황에 적절한 음악 유형의 일상적 저장고로 간주될 수 있다. 바로크 오페라의 작곡가들에게 지도적인 원리는 '감정 이론(the doctrine of the Affekt)'이며, 토픽에 대한 실제적 지식은 전원, 축제, 전쟁 등의 음악에서 특정한 동작이나 감정을 표현하는 데 본질적인 요소였다.[18] 어린 모차르트는 토픽의 '논거 자료(sources of argument)'를 이미 잘 알고 있었다. 1769년에 배링턴은 모차르트가 트레몰로, 단3화음, 음역의 변화 등 음악의 특정 '지문(fingerprint)' 또는 관련 지문들을

이용해서 그가 원한다면 얼마든지 '격정의 아리아'를 즉흥적으로 작곡할 수 있었다고 기록하였다.[19]

적절한 '토픽'에 대한 인식은 우리에게 가장 친숙한 음악의 이해에도 영향을 미친다. 현악4중주 K.458(Bb장조)은 일찍이 악장을 시작하는 6/8박자의 '사냥 나팔 소리' 때문에 '사냥(Jagd)'이라는 별명을 얻었다. 이 별칭은 모차르트가 붙인 것이 아니다. 그리고 모차르트의 자필 악보와 알타리아의 인쇄보에서도 '사냥'이라는 별칭과 관련된 어떤 단서도 없다. '사냥'은 단지 18세기에 널리 알려진 '토픽'의 하나이며, '샤세(chasse)'과 관련하여 설명될 수 있다. 모차르트의 동시대인들에게 K.458의 제1악장은 명백하게 '샤세'의 토픽을 연상시킨다. '샤세' 토픽과 관련된 주요 음악적 요소는 6/8박의 템포(가끔씩 약박의 강세가 특징적이다), 대부분 으뜸화음과 딸림화음에 기초한 3화음적 선율(실제로 기본 화음의 음(音)만 소리낼 수 있는 사냥 호른의 물리적인 제한과 관련된다)을 들 수 있다.[20] 그러나 링거는 K.458의 제1악장과 '사냥'의 관련성이 거의 전적으로 6/8박의 템포에 의존하며, '사냥'이라는 별명이 이 곡에 부적절하다고 주장했다.[21]

'샤세' 토픽은 링거가 인정한 것보다는 좀더 K.458의 제1악장과 관련된다. 첫 악장의 시작 선율은 종종 재현되며, 분명히 3화음적이다. 예를 들면 마디 41-2의 주제와 마디 54-5의 선율 윤곽도 3화음적이며, 발전부를 시작하는 새로운 주제도 그러하다. '샤세'와 관련된 다른 특징들을 열거하자면 극도의 규칙적 주기성(곡의 시작에 특히 잦은 종지로 구분되는 짧은 악구의 경향들)──그 당시 모차르트 음악에서 예외적으로 종지 축약(elision)을 회피하면서 대칭적인 4마디 악구의 윤곽을 그린다──그리고 상당량의 모방('샤세'와 관련된 또 하나의 중요한 암시는 한 성부가 다른 한 성부를 문자 그대로 '추적하는' 것이다)을 들 수 있다. K.458의 첫 악장에서는 주제의 모방과 텍스처의 모방이 모두 발견된다. 마디 42-6, 125-7, 130-3에 지배적인 주제의 모방, 코다에 자주 등장하는 스트레

토(마디 230-79)를 들 수 있다. 텍스처의 모방은 마디 54-66에 나타나
며, 마디 54-60가 마디 60-6에서 재진술될 때 높은 음역의 악기군이 낮
은 음역의 악기군으로 모방된다. 그리고 마디 77-90의 으뜸음 페달 위에
서 2개의 내성부와 제1바이올린의 솔로간에 교창적 대화가 나타난다.

교창적 대화(Antiphony)는 발전부에 특징적인 기법이다. F단조(마디
106)에서 Eb장조로 진행(마디 125)은 마디 106에서 새로운 주제가 솔로/
반주의 짜임새에서 성부들이 점점 더 밀접하게 통합되는 모방 짜임새(마
디 118부터)로 진행되는 과정으로 구분된다. 바로 여기서 모방과 모방에
의한 텍스처의 확장이 순수하게 '샤세' 토픽을 위한 일종의 메타포로서
작용하는 지점에 도달한다. 주제의 윤곽은 더 이상 3화음적이 아니며, 더
욱 반음계적 음형과 훨씬 더 다양한 음가(빠르게 움직이는 16분음표와 레
가토의 점4분음표를 포함해서)로 대체된다. 이 악구에서 다양한 표현적 요
소가 서로 경쟁하며, 토픽 '본래'의 자취는 이미 찾아보기 힘들다.

모차르트의 자필 악보에 의하면 흥미롭게도 마디 106은 1783년 여름,
모차르트가 K.458의 작곡을 잠시 중단한 바로 그 지점이다. (제2장에서
언급된 대로 마디 106부터 악장의 끝까지 다른 색의 잉크로 완성되었다.) 발
전부를 시작하는 3화음적 선율을 포함하여 마디 106까지 '샤세' 토픽은
여전히 중요한 관심사였다. 그러나 마디 106부터 '샤세' 토픽은 거의 부
각되지 않는다. 마디 134부터 시작하는 3화음적 요소는 분명히 제시부
의 마디 42 이하와 관련되며, 레가토의 점4분음표가 지속되는 동안 (이
미 선행 30마디 동안 점점 두각을 드러내고 있었던) 3화음적 특징은 살금
살금 대위법의 짜임새 속으로 침투하여 마침내 재현부에서 최초의 '사냥'
모티프가 다시 재현된다. 지금까지의 해석에 따르면 대부분의 발전부는
'샤세' 토픽에 적합하지 않고, 결과적으로 발전부는 뚜렷한 단절을 초래
한다.

그러나 단절(혹은 불연속성)이 결코 비일관성을 의미하지는 않는다. 그
리고 표면적 분열에도 불구하고 마디 106-25가 여전히 마디 1-106의

연장이라는 일종의 수사학적 의미가 있다. 1784년 가을 모차르트가 K.458의 작곡을 재개했을 때(모차르트의 '작품 목록(Verzeichnüss)'에 11월 9일이 K.458의 완성일로 적혀 있다), 이미 작곡된 부분을 상기하면서 발전부의 가능성을 시험하기 위하여 이미 작곡된 부분을 면밀하게 연구했음에 틀림없다. 모차르트는 '인벤치오'의 수사학적 단계(제시부 재료의 특징적 요소)에서 '디스포지치오'의 단계(제시부 재료의 새로운 가능성을 구사하는)로 넘어갔다. 이러한 특징은 마디 41-2의 주제가 후에 다양하게 처리되는 과정에서 찾아볼 수 있다. 마디 47-50에서 마디 41-2의 주제는 약박의 두 음들을 떨쳐 버리고 반음계적으로 상승하는 페달음 'C' 위에서, 제1바이올린과 비올라 성부에 카논적으로 등장하는 4개의 16분음표군으로 시작한다. 마디 51-2에서 같은 주제는 끊어지는 8분음표 화음의 반주위에서(over punctuating quaver chords) 솔로/반주의 짜임새로 변화된다. 마디 54-65에서 솔로/반주의 짜임새가 지속되다가 새로운 약박의 3음(a new three-note upbeat)으로 변화되어 레가토의 반주를 수반한다. 마침내 마디 66에서 더욱 조밀한 대위적 짜임새와 마디 51의 리듬으로 복귀한다. 지금까지 논의된 각 단계마다 4개의 16분음표 음형이 출현하는데, 이 음형의 위치와 6/8박 내에서의 리듬은 매번 변화한다. 이러한 진행은 소위 수사학에서 '트로프'의 하나인 '히페르바통(hyperbaton)'에 비유된다. 퀸틸리아누스는 '히페르바통'을 '어휘의 전치(transposition of a word)'라고 정의했는데, '어휘의 전치'는 2개의 단어(양식적 음형)의 표준 순서를 바꾸거나, 또는 구조적 흥미를 위해서 표준형을 변화시키는 것을 의미한다.[22] 마디 41-70의 진행은 목표를 향하여 악구가 전전처럼 장식적 목적보다는 구조적 목적에 봉사한다. 약 30마디에 이르는 각각의 연속 단계는 4개의 16분음표 음형의 강도 높은 발전을 제시한다. 수사학적으로 '인벤치오'는 4개의 16분음표 음형으로 구성되며, '디스포지치오'는 이 음형의 주제와 텍스처를 변형시키는 기술적 수단을 의미한다. 발전부는 '디스포지치오'를 더욱 발전시킨다. 발전부에서 계속적으로 변화하는 요소는 텍스처이다. 마디 106에서 약박의 8분음표 화음 반주(the offbeat quaver chord accompaniment)로 시작하는 단순한 텍스처는 고양된 교창적 대화(antiphonal dialogue)를 통하여 점진적으로 진행하다가 마디 125부터 마디 134사이의 카논적 진행에서 절정을 이룬다. 마디 106-37에서 주제적으로 4개의 16분음표 그룹이 특징적인데, 이 음형은 마디 41-2의 음형이 더욱 발전된 것으로 해석된다. 게다가 교창적 짜임새(antiphonal texture)의 점진적 복잡성을 고려한다면, 마디 126에서 시작되는 카논은 조심스럽게 준비된 '클라이맥스' 친숙한 또 하나의 수사학적 장치로 간주된다.[23]

지금까지의 설명을 요약하면 다음과 같다. 모차르트의 발전부는 '샤세' 토픽의 지속되다가(마디 90-106) 변형의 부수적 요소(마디 106-25)를 개발하기 위하여 토픽의 명백한 특성으로부터 이탈한다. 마침내 원래 토픽의 재현을 알리는 명백한 주제적 '단서'(마디 125-6과 특히 마디 130-7은 딸림음 페달 위에서 재현부를 준비한다)를 이용하면서 '샤세'를 재통합한다. '샤세' 토픽의 존재 유무는 악장의 조성적 기능과 무관하게 악장의 이해를 위한 하나의 근본 구조를 제공한다. 이 곡의 형식은 토픽의 연속과 단절이라는 중요한 의미 속에서 고안된 것이다.

6

〈하이든 현악4중주곡〉의 수용 역사

초기 인쇄보와 사본들

브라이코프 앤 헤르텔사가 1877년 《모차르트 작품 전집(Gesamtausgabe **W. A. Mozarts Werke**)》에 착수하기 전 19세기까지 출판된 신판(또는 구판의 재판을 포함하여)의 수는 모차르트의 사후 〈하이든 현악4중주곡〉의 지속적인 인기를 어느 정도 증명한다.[1] 많은 인쇄보와 구판의 재판 악보가 1791년부터 약 1830년까지 빈·파리·런던·오펜바흐·콜론과 라이프치히에서 생산되었다. 대부분의 인쇄보는 성부 악보였으며, 트래그사(빈)가 1804년에[2] 그리고 플레옐사(파리)가 1807-8년에 현악4중주의 총보를 발행하였다.[3] 모차르트의 〈하이든 현악4중주곡〉은 보통 두 권으로 출판되었는데, 각 권은 3개의 4중주를 포함한다. 출판된 곡의 순서가 항상 알타리아사의 초판과 일치하지는 않았다.[4] 종종 특정 판이 특별한 권위를 주장했는데, 예를 들면 임볼트(**Imbault**)사가 1809년에[5] 발행한 '신판(**Nouvelle Edition**)'의 표지에 '빈의 원본에 따라서'라고 표기되어 있다. 앙드레사는 1799년 콘스탄체로부터 상당량의 모차르트 자필 악보를 구입했는데, 앙드레사는 그들의 악보가[6] '모차르트의 원본 필사보에 따랐음'을 자랑스럽게 선언했다.

몇몇 출판사들(파리의 지버와 플레옐, 오펜바흐의 앙드레, 런던의 라베누)이 〈하이든 현악4중주곡〉을 한 번 이상 출판한 사실은 모차르트 작품의 지속적인 상품성을 증명한다. 그리고 다른 악기용으로 편곡된 악보(예를 들면 목관악기와 현악기, 피아노 독주, 피아노 2중주, 2개의 피아노를 위한 곡과 심지어 오케스트라를 위한 곡)가 다량으로 출판된 점은 상품성의 가치를 더욱 부각시킨다.[7] 1810년과 1818년 사이에 클레멘티와 콜라드 사(Collard & Collrad)가 발행한 영국판은[8] 이 곡이 '존엄하신 웨일즈 공에게 정중하게 헌정되었음'을 광고하였다——귀족들의 승인은 잠재적인 구매자들의 관심을 자극했음이 분명하다.

〈하이든 현악4중주곡〉의 초기 필사보의 사본들이 많이 남아 있는데, 그 중 2개를 베토벤이 소장하고 있었다. 베토벤이 소장한 필사보는 K. 387 전곡의 사본과 K.464의 안단테 악장의 사본이며, 필사보의 연대는 약 1800년경으로 추정된다.[9]

초기 비평들

모차르트의 〈하이든 현악4중주곡〉에 관한 가장 초기의 비평 중 하나는 코흐의 《작곡 입문서》(1793)에 기록된 다음의 내용이다. "이 곡들은 엄격한 양식과 자유로운 양식의 특별한 조화, 화성의 처리에서 감탄을 자아낸다."[10] 〈하이든 현악4중주곡〉에서 대위법과 갈랑의 요소들이 다채롭게 통합된 점을 생각하면 코흐가 언급한 '엄격한 양식과 자유로운 양식의 결합'을 좀더 일반적으로 적용할 수 있지만 코흐의 언급이 K.387의 종악장을 구체적으로 지적했을 가능성도 있다. 어쨌든 코흐가 엄격한 대위 양식과 갈랑 양식의 결합을 긍정적으로 간주한 점은 흥미롭다. 왜냐하면 코흐는 그의 이론서에 18세기 후반 "푸가는 한 악장에서 단지 웃음을 자아내기 위하여 코믹한 요소와 결합될 때 기악곡에서 진가를 인정받았다. 현재 많은 음악 애호가들이 이런 종류의 작품을 선호하며, 많은 작곡가들이 이런 유형의 작품을 쓰고 있다"라고 기술했으며, 코흐는 그러한 상황을 못마땅하게 생각했기 때문이다.

1784년부터 《잘츠부르크 신문》의 편집자를 지낸 후프너 교수는 〈하이든 현악4중주곡〉이 출판된 직후 《베를린 신문》에 호평기사가 게재되었음을 보고하였다. 후프너 교수는 레오폴트에게 다음과 같이 보고했다.

당신의 아들이 출판한 작품은 정말 놀랍소. 작품 하나하나에서 다른 누구도 아닌 오로지 모차르트만을 엿볼 수 있습니다. 현악4중주에 관하여 베를린의 언론들은 단지 다음 말만 덧붙이면 됩니다. '현악4중주를 일반 대중에게 추천하는 것 자체가 불필요하다. 이 작품들이 모차르트의 작품이라는 달만으로도 충분하다.' [11]

모차르트의 몇몇 현악4중주와 관련하여 하이든이 언급한 모차르트의 '심오한 작곡 지식'은 동시에 약점으로 지적되기도 했다. 크라머의 《음악 잡지》의 한 기사는(1787년 4월 23일) 모차르트에 대하여 다음과 같이 기술하고 있다.

나가 들어 본 가장 숙련된 최고의 피아니스트였다; 단지 유감스러운 점을 말하자면 모차르트의 예술성이 뛰어나며, 진정으로 아름다운 작품에서, 그가 항상 새로운 것을 추구하면서 너무 많은 것을 요구한다는 사실이다. 너무 많은 것이 요구되는 작품에서 감정을 느끼기는 어렵다; 모차르트가 2개의 바이올린 · 비올라 · 베이스를 위하여 최근에 작곡한 현악4중주(하이든에게 헌정된)는 지나치게 조미된 작품처럼 보인다. 과연 누구의 입맛이 이런 음식을 오랫동안 감당할 수 있을까?[12]

크라머는 모차르트 음악에 지속하는 긴장감이 가끔 일반 대중의 취향에 장애물이 되었다고 믿는다. 모차르트의 음악은 준비가 부족한 청중들에게 그 이상의 어떤 것을 요구하면서 전통적인 기대감을(가령 악구 구조의 주기성 같은) 무너뜨린다. 작품의 예술성은 찬사를 받아 마땅하지만 결코 지나쳐서는 안 된다. 대위법의 비르투오소적인 과시 또는 모티프 발전을 중재하기 위한 단순한 악구가 요구된다. 우리가 믿기는 어렵지만 동시대인들은 모차르트의 현악4중주에 단순한 중재적 악구가 부족하며, 지극히 까다로운 예술성이 너무 오랫동안 요구된다고 생각했다.[13] 크라머가 '지나치게 조미되었다'고 지적한 구체적 악장이나 작품을 밝히지 않았지만 그럴듯한 예를 찾아내기는 어렵지 않다. 가능한 실례로서 일명 '불협화음'으로 불리는 K.465의 아다지오 악장, K.428의 어슴푸레한 반음계 시작 부분, K.387의 트리오 부분을 들 수 있다. K.464의 제1악장 발전부에서 대위법 짜임새의 지나친 긴장감은 아마 18세기 청중의 일부를 질리게 했을 법하다. K.428의 미뉴에트도 청중들에게 마찬가지로 도전적인 악장이었을 것이다. 미뉴에트의 시작 주제(반주 없는 약박의 첫 박을 제외한)는 곧 종결 주제의 종지로서 복귀한다(마디 10-14, 마디 30-34에 다시). 둘째 부분에서 시작 주제는 주제 자체에 대하여 스트레토로 사용되며, 주제의 시작은 비올라(마디 22), 제1바이올린(마디 24), 그리고 첼로(마디 24)에서 차례로 도입된다. 트리오는 반음계적 진행과 악구 구조 때문에 더욱 도전적이다. 이렇게 변화무쌍한 음악의 이해는 확실한 주의를──18세기의 청중들 모두가 결코 준비된 것처럼 보이지 않는──요구한다.[14]

19세기초 '서술식' 접근

모미니는 그의 이론서 《화성 및 작곡 개론》(1806)에서 확대된 음악 분석의 기초 모델로서 모차르트의 현악4중주 K.421의 첫 악장을 예로 든다.[15] 모미니는 악장 전체를 실례로 들면서 4개의 4중주 보표뿐만 아니라 선율 및 화성의 축약, 4중주의 틱스처를 용접시켜 만든 반주와 인성의 주선율(모미니가 직접 가사를 붙임), 그리고 '근본 베이스(fundamental bass)'

——바탕이 되는 근음위치 화음들에 대하여 화성 진행의 숫자화음 축소형으로 제시된——를 포함한 다양한 '해석 보표(explanatory staves)'를 포함한다. 모미니의 분석은 악구의 분해, 종지의 구조, 화성 문법의 인상적 실례를 제시한다. 그러나 모미니의 주된 목적은 모차르트 음악의 표현적 속성을 드러내는 것이다. 이 악장의 '정서(Affekt)'에 대한 모미니의 해석을 위하여 다음의 가사가 선택되었다.

> 모차르트가 이 악장에서 표현한 감정은 한 여인이 사랑하는 영웅으로부터 버림받는 바로 그 순간 그녀의 감정이라고 믿는다. 이러한 불행으로 고통받는 디도(Dido) 여왕이 나의 마음속에 떠올랐다. 디도의 고귀한 신분, 그녀의 열정적인 사랑, 불행에 대한 그녀의 체념, 이 모든 것들이 나로 하여금 디도를 음악의 여주인공으로 생각하게 만들었다.[16]

모티프, 화성, 악구 구조 및 조성 구조에 대한 모미니의 세심한 주의는 그 자체로 19세기초 음악 분석의 한 실례로서 연구할 가치가 있다. 그러나 수용의 관점에 따른 주요 본질은 모미니에게 모차르트의 음악이 벅찬 감정의 호소력을 자아낸다는 점이다. 모미니의 분석은 특정한 프로그램을 악보에 덧붙여 생생하게 만든 일련의 서술식 사고(a train of narrative thought)를 표현한다. 그리고 그는 이러한 서술식 분석을 통하여 모차르트의 양식을 그의 독자들에게 재현하고자 했다. K.421의 첫 악장은 모미니에게 특별한 감정으로 요약된다. 즉 모차르트 음악은 하나의 이야기로서 '읽혀질 수 있다(read as story).' 모미니의 '서술식' 분석은 그후 19세기와 20세기 동안 완전히 잊혀져, 현재의 우리가 납득하기 힘든 해석의 가능성을 암시한다.

페티스와 K.465의 아다지오

일명 '불협화음'으로 불리는 현악4중주 K.465를 시작하는 아다지오의 당황스러운 반음계는 1820년대 후반과 1830년초 학자들 사이에 격렬한 논쟁을 야기했다. 특히 페티스는 모차르트가 결코 이러한 불협화음을 의도하지 않았다고 확신하면서 그가 발행한 학술지 《라 레뷔 뮈지칼》 (1829년 7월)에서 페티스는 그 당시 모든 인쇄보의 아다지오에 드러난 모차르트 의도의 오식(misprint)과 비교하기 위하여 자신이 직접 수정한 악보와 함께 아다지오에 관한 연구논문을 제출하였다.[17] 페티스의 연구는 곧 페른과의 논쟁으로 이어졌으며, 페티스의 수정보에 대한 페른의 반론과 그에 대한 페티스의 반응이 다음호에 나란히 게재되었다.[18] 페티스는 1830년 7월에 다시 이 문제로 복귀하는데, 이번에는 라이프치히의 《국민음악 신문》에 게재된 모차르트 현악4중주 op. 10(C장조)에 대한 르뒤크의 분석에 맞서서 자신의 의견을 피력하였다.[19] 페티스의 논문은 아다지오의 문제를 소개하고 자신의 저서 《대위법과 푸가 이론》(파리, 1824)에서 제시된 화성의 해결책과 르뒤크가 제시한 대안적인 화성의 해결 등을 다루고 있다. 독일의 음악 저널 《세실리아》는 1832년에 페티스의 논문에 대한 가장 철저한 비평을 시도했다.[20] 거의 50페이지 이상에 달하는 비평은 튀르크의 이론서 《통주저음 연주 외 사용 개요》를 포함한 동시대 음악 이론의 맥락에서 아다지오의 대범한 화성을 설명하려고 베버가 기술한 아다지오의 이론적·조성적 구조의 개관, 하이든('이 악보가 모차르트가 쓴 대로라면 그것이 바로 모차르트가 의도한 것이다'라고 말한)·사르티 (Giuseppe Sarti)[21]·페티스·페른과 르뒤크의 견해를 일련의 인용 형식으로 제공한다.[22] 《세실리아》 비평의 일부분이 사르티의 적대적인 공격을 포함한 발췌문과 함께 런던의 정기 간행물 《하모니콘》[23]에 다시 게재되었다. 《하모니콘》의 편집자는 끝 부분에 사르티의 공격이 1770년대초 밀라노에서 오페라 작곡가로서 모차르트가 거둔 성공을 비방하려는 의도에서 나온 것임을 조심스럽게 설명하고 있다. K.465의 도입부에 대한 사르티의 주요 반박은 예를 들면 마디 2의 Ab과 A의 거짓 관계('저주받아 마땅한 시작'), 마디 20-1에서 A#/F의 병치로('아다지오에서 가장 비참한' 부분) 인한 극단적인 반음계와 관련된다. K.421 첫 악장의 발전부도 사르티에게 마찬가지로 불쾌감을 주었는데, 그는 비교의 목적으로 마디 54의 A/Bb의 지속적인 불협화음을(물론 음악적 모방에서 이 부분의 진행은 논리적임에도 불구하고) "끊임없이 우리 귀를 괴롭히는 이러한 음악에서 알 수 있듯이 이 곡의 작곡가(내가 알지도 못하고, 결코 알고 싶지도 않은)는 몹쓸 귀를 가진 피아노포르테의 연주자에 불과하며 대위법에 관심조차 없다"라고 언급한다.[24]

　　오토 얀은 1856년 K.465에 관한 논쟁을 간략하게 정리하였다. 모차르트의 실내악에 관한 얀의 글은 〈하이든 현악4중주곡〉에 관한 부분을 포함하는데, 이 부분은 얀이 인정한 대로 베토벤의 영향을 보여 주며, 주제의 형식 구축 이론(thematic construction of form)이 지배적인 동시대의 음악 비평을 요약한다. 얀의 논의는 때때로 그림처럼 생생한데, K.465에 관하여 다음과 같이 기술한다. "이 곡은 투쟁과 고통을 극복한 후 고귀한 정신이 도달하는 더 높은 차원의 평화를 드러낸다…… [안단테는] 천재의 가장 멋진 선언문의 하나이다. 이 선언문(음악)이 인간의 정신에 영향을 미치는 한에 있어서만 지상에 속한다고 할 수 있으며, 이것은 고통과 열정이 성스럽게 변화하는 은총의 세계로 고양된다."[25] K.465에 대한 얀의 기술은 동시대의 관점(즉 19세기 중엽의 관점)을 이전 시대의 관점과 조심스럽게 구별하므로 그 자체로 '수용사(Rezeptionsgeschichte)'의 흥미로운 초기 실례를 제공한다. 또 다른 예를 들면 얀은 1786년에 디터스도르프와 황제 요제프 2세 간의 대화를 기록했다. 그 대화에서 황제는 디터스도르프에게 하이든과 모차르트를 비교하도록 요구했다. 디터스도르프는 모차르트의 음악을 클로프슈토크에, 하이든의 음악을 겔러트에 비유하면서 효과적인 시적 비유를 들어 대답했다.

디터스도르프의 대답을 듣고 황제는 '둘 다 위대한 시인이지, 그러나 클로프슈토크의 아름다움을 이해하기 위해서 여러 번 반복해서 읽을 필요가 있지만, 겔러트의 아름다움은 첫눈에 명백하게 드러난다네' 라고 대답하였다……. [1850년대의] 우리에게는 이상하게 보일지라도——우리가 모차르트 음악의 명료함과 형식의 순수함에 무엇보다 찬사를 보내는 것 처럼——디터스도르프가 모차르트를 클로프슈토크에 비유한 것은 디터스도르프의 동시대인들이 모차르트 음악이 갖는 장엄함과 위엄, 표현의 힘과 대담성을 최고의 그리고 가장 탁월한 속성으로 평가했음을 시사하기 때문에 꽤 교훈적이다.[26]

20세기의 접근

통일성과 다양성: 한스 켈러

20세기 음악 비평에서 볼 수 있는 경향의 하나는 작품 전체 또는 한 악장을, 근본 재료에서 출발하여 '자연스럽게' 성장하는 일종의 유기체로 보려는 시도였다. 이러한 경향을 대표하는 한스 켈러는 가장 중요한 비평가 중의 한 사람이다. 표면적인 다양성에 숨어 있는 통일성을 추적하려는 켈러의 연구는 프로이트의 심리 분석에 대한 그의 지식에서 비롯되었다.

위대한 작품은 모든 것을 포용하는 단일한 아이디어로부터 출발한다. 위대한 음악은 단일성을 다양하게 변형시키는 데 반해서 그저 평범하게 좋은 음악은 다양한 요소들을 통일시킨다……. 단일성·동시성은 칸트의 물 자체(thing-in-itself), 쇼펜하우어의 의지, 프로이트의 무의식(이들은 본질적으로 시간을 초월한다)처럼 본질적인 실체이다. 반면에 시간의 흐름은 필요한 껍질에 지나지 않으며 쇼펜하우어의 아이디어, 프로이트의 의식에 비유된다. 다양성은 통일성을 표현하기 위하여 필요한 수단에 불과하며, 다양성이 없다면 통일성은 표현되지 않은 채로 방치됨을 체험하게 된다······.[27]

켈러는 모차르트의 실내악에 지속적인 열정을 가졌으며 그의 저서 《모차르트 지침서》(1956)에서 켈러는 〈하이든 현악4중주곡〉에 특별한 관심을 보였다. 켈러식 접근의 복잡성은 G장조 현악4중주 K.387의 제1악장 제시부의 일부에 대한 논의 속에 잘 드러난다. 논쟁의 여지가 있음에도 불구하고 그의 접근 방법은 표면상 분명히 다수의 주제로 구성된 작품에서 유일한 초점을 발견하려는 시도이다.

G장조 현악4중주 K.387(1787, [recte 1782])에서 선율의 전개는 거장과 천재의 면모를 즉시 보여 준다; 음 하나하나의 운명은 이미 결정되었으며, 모든 진행은 기본 모티프(X)로부터 유래한다.

K.387, 제1악장 시작 주제와 켈러의 괄호로 묶은 주석들

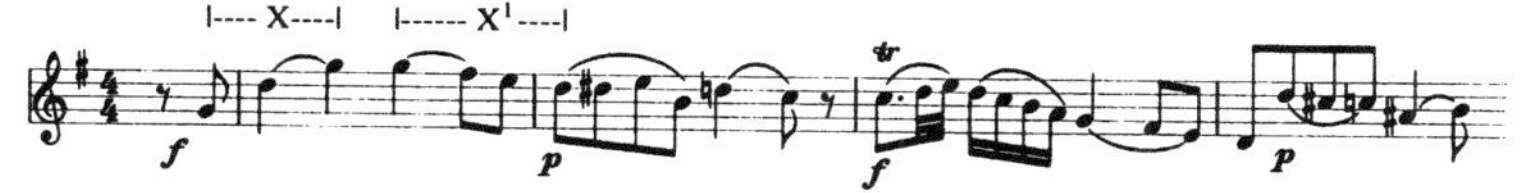

기초를 이루는 4도음정은 즉각 도치되며 음계(scale-wise)(X¹)들로 채워진다. 이 기본형 'X'가 주요 주제이다. 둘째 마디의 전반부는 첫마디의 역행을 축소된 음가로 제시한다. 한편 둘째 마디의 후반부에 있는 종지형 모티프는 첫마디 후반부의 직접적인 동형 진행이다. 단지 첫마디의 반음(G-F#)이 둘째 마디에서 온음(D-C)으로 대체되며, 온음은 4개의 8분음표(D-D#-E-B) 모티프에서 반음으로 대체된다. X¹은 셋째 마디의 후반부에서

그대로 등장하며, 셋째 마디의 전반부에서 X¹은 장차 제2주제의 형태로 발전하게 된다. 셋째 마디의 장식음은 장차 부주제(제2주제, 마디 27)의 특징인 리듬의 동요를 증가시킨다; 반면에 X¹의 16분음표 축소형은 이러한 특징을 실제 리듬으로 구축하며, 음형을 구성하는 제3음(B, mediant)과 반음 올린 제2음(A#, sharpened supertonic)은 마디 4의 종지형 모티프에서 유래한다. 마디 4의 종지형 모티프(A#-B)는 X¹의 종지형을 구성하는 음들(g2 f#²)의 역행형이다……. 후행 악구의 근원적 모티프(마디 5)는 음형 X(약박을 제외한)와 X¹의 리듬을 변형시켜 뒤에 오게 될 제2주제의 16분음표 리듬을 발전시킨다.[28]

하이든의 현악4중주와 모차르트의 〈하이든 현악4중주곡〉의 '상호 영향'에 대한 논의(The reception of 'influence')

하이든이 모차르트의 〈하이든 현악4중주곡〉에 미친 영향과 관련된 문제는 불가피하다. 모차르트의 〈하이든 현악4중주곡〉에 관한 논문은 종종 비슷한 시기에 출판된 〈하이든의 현악4중주곡〉 op. 33(1781-2)과의 관계를 강조한다. 사디의 견해에 따르면 "중요한 주제가 종종 내성부에 나타나고 일반적으로 응집된 양식으로 작곡된 점에서 모차르트의 〈하이든 현악4중주곡〉은 하이든의 op. 33으로부터 결정적인 영향을 받았다……. 모차르트가 하이든의 현악4중주 작품을 잘 알고 있음은 분명히 무의식적이지만 음악적 반향을 통하여 잘 증명된다. K.421에서 변주 형식의 종악장(6/8)은 하이든의 Op. 33의 5번으로부터 영향을 받았으며, 2개의 Eb장조 현악4중주(K.428과 Op. 33의 2번)에서 미뉴에트의 시작은 현저하게 유사하다."[29] 이 두 작품간의 유사성은 아인슈타인 · 비제바 · 생푸아의 논문에서 제기되었다.[30]

K.421에서 종악장의 리듬 및 악구 구조와 하이든 현악4중주 op. 33, 5번(G장조)의 종악장 사이에 나타난 긴밀한 유사성을 부정할 수 없다. 유

사성의 또 다른 실례로서 K.458의 제1악장과 하이든의 op. 33, 6번의 제1악장, K.387의 종악장의 반음계와 하이든의 op. 33, 1번의 제1악장(마디 54-64), K.465의 느린 악장과 op. 33, 3번(두 악장 모두 3/4박의 F장조이며, 칸타빌레의 특징, 악구 구조와 선율의 장식에서 유사한 접근을 보여준다) 등을 들 수 있다.

그러나 두 작품간의 '상호 영향'은 주제와 형식의 유사성에서 드러난 우연 이상을 의미한다. 한 작품에 미친 다른 한 작품의 '영향'은, 영향을 준 작품의 아이디어 모사인 동시에 변형이다. 모차르트의 〈하이든 현악4중주곡〉에 대한 본즈의 최근 연구는 바로 이러한 방법, 즉 모방과 변형을 통하여 하이든 현악4중주와 모차르트의 〈하이든 현악4중주곡〉의 상호 관계를 추적한다.[31] 본즈는 모차르트가 창의적으로 변형시킨 하이든의 현악4중주의 음악적 요소들을 강조하면서, 모차르트가 그의 모델을 단순히 모사하기보다는 재해석했다고 주장한다. 이것은 '변형을 통한 영향(influence as transformation)'이다. "피상적 유사성에 초점을 두기보다 모차르트의 음악이 제시하는 모델을 모차르트가 어떻게 변형시켰는가 하는 과정에 관심을 두어야 한다."(p.377) "모차르트는 하이든의 op. 20과 op. 33의 몇몇 악장을 구체적 모델로 이용한다. 그러나 겉으로 보기에 적어도 직접적 선례를 알아볼 수 없을 만큼 새롭게 창작하는 과정에서 모차르트는 그 모델을 철저하게 변형시킨다."(p.405)

때때로 논쟁의 여지가 있음에도 불구하고 '변형을 통한 영향'이라는 본즈의 흥미로운 실례 중의 하나는 하이든의 op. 20, 2번의 종악장과 모차르트의 K.464의 종악장의 관계에 대한 연구이다. 하이든의 op. 20, 2번의 종악장은 4개의 주제를 갖는 최상의 푸가인데, 도치 대위법(invertible counterpoint)이 여기서 중요한 역할을 한다. 한편 모차르트의 종악장(K.464/iv)은 엄격한 의미에서 푸가는 아니지만 하이든이 사용한 푸가 기법 중 특히 도치(invertibility)를 주로 이용한다. 그러나 일상적 작곡 기법을 공유함으로써 보여 주는 유사성보다는 두 악장간의 차이점이 더욱 분명하다. 본즈가 관심을 주목한 유사성은 반음계(하이든과 모차르트의 시작 주제는 모두 도미난트(dominant, 제5음)에서 시작하는 4음의 하강 반음계가 특징적이다), 주제의 단편화(모차르트의 마디 230 이후; 하이든의 마디 83-7을 비교하시오), 주제 자체에 대한 주제의 도치(모차르트의 마디 241; 하이든의 마디 102 이후를 비교하시오) 등이다. 좀더 넓은 의미에서 유사성은 음악어법과 관련되는데, 본즈는 하이든의 종악장이 '엄격한 대위' 양식과 '갈랑' 양식의 융합을 시도하며, 모차르트의 종악장이 소나타 형식의 '고전적' 구조 내에서 푸가의 요소와 갈랑 이후(post-galant)의 화성 및 악구 구조를 통합함으로써 하이든의 음악과 유사하다고 주장한다. 본즈의 주장에 따르면 모차르트는 하이든의 종악장에서 부각된 특징을 모차르트 자신의 방식으로 흡수하면서 동시에 "보완적으로 더욱 발전시켜 나간다. [하이든의] op. 20/2/iv은 처음에 대위적 짜임새로 시작하다가 점점 호모포닉하게 된다. 그러나 하이든과 대조적으로 모차르트 K.464의 종악장은 시작 마디에서 대위법적 특성을 암시하지만 그후 호모포니에서 폴리포니로 진행되는 궤적을 따른다. 그리고 K.464의 종악장에서 코다는 도치적 대위법의 음악적 절정을 보여 준다."(p.403)

본즈의 연구는 새롭게 창작된 작품이 모델이 된 작품을 보완하는 여러 방법을 강조하며, 전에는 결코 생각지 못했던 작품들간의 가능한 연관성을 찾으려는 흥미로운 연구를 암시한다. 예를 들면 K.387의 시작 부분(제1악장의 중심 주제는 한 옥타브에 걸쳐 으뜸음·딸림음·으뜸음을 차례로 강조한다)은 리듬의 배치가 다름에도 불구하고 하이든의 op. 33의 2번, Eb 장조의 시작 부분(옥타브에 걸쳐서 딸림음·으뜸음·딸림음으로 시작한다)을 다소 암시한다. 상호 보완적인 음정 관계 이상의 유사성이 존재한다. 예를 들면 첫 악구의 마지막에서 유래한 종지적 '꼬리음형'이 확장되면서 주제를 지속한 후(하이든의 마디 4⁴-8; 모차르트의 마디 5-10) 가벼운 대위법적 성부 교환을 통합하는 시작 주제의 재진술이 따른다. 이러한 특징들이 단순한 우연 이상이라면 모차르트의 발전부(마디 72-80)에서 중요한 경과구의 역할을 하는 첼로 성부의 상승 반음계는 하이든의 발전부 (마디 42에서 시작하는)에서 반음계 부분의 '상호 보완적(complementary)' 재해석이라 할 수 있다. 하이든의 반음계 부분은 아래 성부와 위 성부에서 나타나지만 주로 최상 성부에서 선율적으로 장식된 반음계의 모습을 갖는다.[32]

현대의 비평

모차르트의 〈하이든 현악4중주곡〉은 새로운 비평적 통찰력을 지속적으로 요구한다. 〈하이든 현악4중주곡〉에 대한 본즈의 최근 연구는 고전주의 시대의 조성과 형식의 관습에서 유래한 '긍정적' 또는 '부정적' 영향의 가능성을 동시에 암시한다.[33] 알랜브룩은 〈하이든 현악4중주곡〉을 작곡가의 '일종의 실험실'로 간주하면서 18세기 음악에 중요한 2개의 개념, 즉 '토픽'과 코흐가 제시한 '콤비나토리알(combinatorial)' 악구－설계의 개념을 결합시킨 논평으로 유도한다. 알랜브룩은 모차르트의 〈하이든 현악4중주곡〉에 나타난 불규칙 악구가 표준에서 어떻게 이탈하는지를 새롭게 듣도록 권장한다.[34] 퀴스터는 모차르트의 작품에 사용된 기법과 진행 과정을 하이든의 음악과 관련시키며, 특히 1780년대 중반에 집중된 모차르트의 작곡 기법과 창작 과정의 주요 문제들을 숙고한다. 퀴스터에 의하면 "모차르트의 〈하이든 현악4중주곡〉의 첫 작품부터 마지막 작품이 완성된 2년 동안 모차르트의 기법과 음악적 전제가 매 작품마다 변화를 거친다. 결과적으로 〈하이든 현악4중주곡〉은 동질적 음악 유형의 다양화라기보다는 6개의 현악4중주 각각이 보여 주는 다양성 때문에 더욱 주목할 만하다."[35]

마지막으로 K.465의 아다지오에 관한 솔로몬의 최근 비평을 살펴보고자 한다. 솔로몬은 포스트모던 시대의 정신에 기초하여 분석적 방법론을 제시한 몇몇 중간 세대(레티·셍커)를 회피하고, 한 악구의 화성적 대범함을 지나치게 문자 그대로 해석함으로써 그의 해석은 얀을 다소 연상시 킨다.

> 첫마디부터…… 우리는 공포의 한가운데로 즉각 뛰어든다……. 여기서 형식으로 전환되는 그 순간 혼돈의 윤곽을 암시하면서 모차르트는 창작의 그 과정을 모사한다……. 우리가 어디에 있는지 정확히 알 수 없지만 우리가 낯선 미지의 세계에 있음을 감지한다……. 현실은 우리에게 낯설기만 하고 일종의 신비감이 일상을 대체한다. 아다지오의 도입부에서 모차르트는 빛에서 어둠으로, 지하에서 바깥 세상으로, 이드(id)에서 에고(ego)로의 전환을 가장한다. 우리가 어떤 은유적 구조에 비유하든지간에 모차르트의 음악은 궁극적으로 억류와 탈출에 관한 것이다. 그리고 이제 알레그로의 주제는 해방감으로 상승한다…….[36]

이드와 에고에 대한 호소를 통하여 솔로몬은 모차르트가 속한 계몽주의 시대의 냉정한 이성 세계로부터 호프만의 요정 세계로 전환됨을 암시한다. 솔로몬의 비유 속에서 우리는 호프만의 문장과 유사점을 발견할 수 있다. 〈크라이슬레라이나〉(1810)에서 호프만은 "우리를 은밀한 정령들의 세계로 인도하는 모차르트의 음악을 묘사한다. 두려움이 도처에 깔려 있다. 그러나 두려움은 고뇌를 억제하고 마침내 무한함의 암시 그 이상이 된다."[37]

지금까지 살펴본 현대의 여러 비평들이 연구의 다양한 접근을 제시함으로써 포스트모던 시대에 전형적 상황의 한 단면을 명백히 보여 준다. 타르나스는 이러한 상황을 "상반되는 의미들의 복수성(a plurality of imcompatible meanings)으로 요약되는 하나의 특징으로 간주했다. 텍스트(음악의 텍스트, 즉 악보까지 포함해서)의 해석은 해석 자체가 필연적으로 원문의 논리성을 훼손시키는 잠재적 모순을 내포하기 때문에 하나의 결정적인 권위를 주장할 수 없다. 따라서 모든 의미가 궁극적으로 하나의 결정에 귀착될 수 없다. '유일하게 참된' 의미는 존재하지 않는다……. 주관적이고 객관적인 분석의 모순, 문화적 편협성에 대한 첨예한 지식, 모든 지식에 내재한 역사적 상대성…… 우리를 괴롭히는 거의 비논리적인 복수성, 이러한 모든 요소들이 포스트모던의 상황에 기여한다."[38]

좀더 긍정적인 측면에서 보면 작곡된 후 약 2세기가 지났지만 모차르트의 〈하이든 현악4중주곡〉에 대한 다양한 비평이 지속되고 있다는 사실은 이 작품이 지닌 다원적이고 결코 고갈되지 않는 것처럼 보이는 의미의 층들을 증명한다. 각 세대는 모차르트의 음악 속에서 항상 새로운 사실을 발견해 왔으며, 후속 세대들이 각 세대의 의사(agenda)에 따라서 그 음악을 재해석 할 수 있을 정도로(각 시대의 해석이 음악의 본질을 훼손함 없이) 그 음악이 전달하는 메시지는 보편적이다. 〈하이든 현악4중주곡〉은 선율적 우아함과 화성의 드라마, 솔로의 과시와 과감한 대위법적 성부 교환, 규칙적 형식의 춤곡과 그침 없이 전개되는 푸가, '높은' 양식과 '낮은' 양식, 형식적 관례와 독창성을 자연스럽게 중재하면서 모든 시대, 모든 취향에 지속적으로 호소력을 발휘하고 있다. 우리는 1782년 모차르트가 그의 아버지에게 보고한 자신의 소중한 관찰을 떠올리게 된다. 1782년 12월 28일 모차르트는 자신의 피아노 협주곡(K.413, 414, 415)에 관하여 언급하면서, 자신과 같은 프리랜서 작곡가들이 다양한 청중들을 동시에 만족시키기 위하여 그리고 청중들의 음악 수준과 작품에 대한 청중의 미학적 기대감을 충족시키기 위하여 필요한 조건을 다음과 같이 기술하였다. "3개의 협주곡들은 너무 쉽지도 않고 너무 어렵지도 않으며, 꼭 만족스러운 중간에 속합니다……. 전문가들은 이 곡의 여기저기서 만족을 느낄 수 있으며, 그 이유는 알 수 없지만 아마추어들도 이러한 부분에서 만족을 느낄 수 있도록 작곡되었습니다." 모차르트의 언급은 그의 〈하이든 현악4중주곡〉에도 적용될 수 있다. 우리는 계속 이 작품의 다중적 의미를 숙고하면서, 그 작품에 대한 연구와 음악적 발견을 통하여 좀더 심오한 기쁨을 기대할 수 있을 것이다.

부 록

모차르트의 헌정 서한(1785)

나의 소중한 친구 하이든에게

자식들을 세상 밖으로 내보내기로 결심한 아버지가 자기 자식들을 고명하신 분, 다행히도 그가 자신의 소중한 친구라면 더더욱 그분의 인도와 보호에 맡기는 것은 아버지의 도리입니다. 나의 가장 소중한 친구이자 고명하신 분이여, 여기 나의 여섯 아들(6개의 현악4중주)이 있습니다. 이 작품들은 오랜 시간동안 흘린 땀의 결실입니다. 나의 몇몇 친구들은 나의 노고가 어느 정도 보상받을 수 있으리라는 희망을 내게 주었으며, 이 자식들이 언젠가 나에게 큰 위안이 될 거라는 생각으로 나는 우쭐해졌습니다. 당신이 지난번 빈에 체류한 동안, 나의 가장 소중한 친구로서 당신은 나의 작품에 매우 흡족해했습니다. 무엇보다도 당신의 호응에 용기를 얻어 이 작품들을 당신에게 헌정하려 합니다. 내 자식들이 당신의 호의에 전혀 부족함이 없기를 감히 소망합니다. 모쪼록 나의 자식들을 너그럽게 받아 주시고, 그들의 아버지 · 후견인 그리고 친구가 되어 주십시오! 지금부터 내 자식들에 관한 나의 모든 권한을 당신께 양도하면서 만약 아비의 모자란 눈을 피해 간 잘못이 있다면 부디 너그럽게 봐주시고, 그 결함에도 불구하고 내 자식들을 소중하게 생각하는 다른 사람들에게도 당신의 자비로운 우정이 지속되기를 소망합니다. 당신의 가장 소중한 친구이자 가장 충실한 친구이기를 진심으로 바랍니다.

W. A. Mozart

(Deutsch, Doc. Biog., 250의 원문에 기초)

원 주

서 론

1) 이 분야에 관한 최근 3개의 연구는 특별히 주목할 만하다: Marc Evan Bonds, 'The Sincerest From of Flattery? Mozart's "Haydn" Quartets and the Question of Influence,' *Studi Musicali* 22(1993), 365-409; Konrad Künster's 'Equal but Different: the Six "Haydn" Quartets' in his *Mozart: a Musical Biography*, trans. M. Whittall(Oxford, 1996); and Wye J. Allanbrook, '"To Serve the private pleasure": Expression and Form in the String Quartets,' in S. Sadie, ed., *Wolfgang Amadè Mozart: Essays on his Life and Music*(Oxford, 1996), 132-60.

2) Alfred Einstein, *Mozart: his Character, his Work*, trans. A. Mendel and N. Broder(London, 1946), 183.

3) 계몽주의 사상과 고전주의 음악 양식을 통합시킨 연구로는 Nicholas Till, *Mozart and the Enlightenment: Truth, Virtue and Beauty in Mozart's Operas*(London, 1991)를 참고. Till은 "모차르트의 대위법에서 풍부한 개별 주제의 정체성이 전제적 폴리포니의 짜임새 속에서 침몰되거나 상실되지 않는다; 모차르트의 대위법은 사회 구조 속에서 자유롭고 평등한 개인간의 상호 관계에 비유된다"고 지적한다.

4) 초판의 출간 후, 원래의 도판에 근거가 2개의 인쇄보가 1787년과 1789년에 계속해서 나왔다. 자세한 사항은 *Kritische Berichte* to the *Neue Mozart Ausgabe[NMA]* VIII: 20/1/ii, p. b/6 참고.

5) K.458의 자필 악보는 1784년 11월 9일에 완성되어 순서상 네번째 곡이지만, K.458은 1783년 여름에 시작되었거나 심지어 K.421보다 먼저 시작되었을 가능성도 있다(이 책의 제3장을 참고). 이 책의 제4장에 언급된 4중주곡의 개요를 보면 K.458은 알타리아판의 순서를 따라서 세번째 작품으로 등장한다. 레오폴트의 편지(1785년 2월 16일)에 따르면, K.458은 3개의 '새로운' 4중주 그룹(K.464와 K.465를 포함해서)에 속한다. 볼프강은 이미 작곡된 3개의 4중주(K.387, K.421, K.428)에다 '새로 작곡된' 3곡을 첨가했다. '새로 첨가된 3곡은 조금 더 쉽지만 동시에 뛰어난 작품들이다.' 모차르트의 이러한 언급은 〈하이든 현악4중주곡〉의 양식에 관하여 중요한 점을 시사한다. 가령 K.464의 종악장에 나오는 강도 높은 모방대위법(때때로 도치대위법)이나 K.465의 유명한 불협화적 시작에 대하여 레오폴트가 '좀더 쉬운'으로 표현한 말은 당황스럽다. 모차르트가 의미한 '좀더 쉬운'은 모든 작품이 뛰어난 기교를 요구하지만, 새로 작곡된 3개의 4중주는 좀더 분명히 '선율적'이고 이전 작품들보다 좀더 명백한 주기적 구조를 염두에 둔 듯하다. 후에 작곡된 3개는 모두 장조이며, K.421(D단

조)의 감정적 동요나 K.428(Eb장조)의 지적인 작업을 회피한다. K.428의 1악장에서
마디 1-4의 희미한 반음계적 유니즌은 처음 듣는 순간 이해하기 어렵다. 그리고 마디
12부터 진행되는 전적으로 반음계적 화성의 실현은 동형 진행적으로 C단조, Ab장조,
F단조를 거쳐 마침내 마디 25에서 Bb 페달음에 정착함으로써 조성의 안정성을 추구
하기보다는 훼손시킨다. 이 부분의 악구 구조는 결코 간단하지 않다.(이 책의 제4장을
참고) K.421, K.428의 시작 부분과 K.458, K.464, K.465의 알레그로 시작 부분을
비교하면 후자는 실제로 이해하기 '쉽다'(이 책에서 언급된 모차르트의 편지는 Emily
Anderson(trans and ed.)의 영역본에 의거한다), *The Letters of Mozart and his Family*,
3rd, rev. edn. S. Sadie and F. Smart(London, 1983).)

6) 다른 견해를 참고하려면 Wolf-Dieter Seiffer, 'Mozarts "Haydn Quartette": zum
Quellenwert von Autograph und Erstausgabe unter besonderer Berückskchtigung des
Finales aus KV 387,' in *Studien zur Musikgeschichte: Eine Festschrift für Ludwig
Finscher*, ed. A. Laubenthal and K. Kusan-Windweh(Kassel, 1995), 377-92.

7) *Wolfgang Amadeus Mozart: Complete String Quartets*(New York, 1970).

8) London, Zurich, Mainz and New York, 1930.

9) *W. A. Mozart: the Ten Celebrated String Quartets: 1st Authentic Edition in Score
based on the Autographs in the British Museum and on Early Prints*(London, 1945)

1. 모차르트의 초기 현악4중주곡

1) 이 무렵 단지 첫 3개의 악장만 완성되었고, 피날레 악장의 가보트는 1773년 또
는 1774년에 작곡되었다. 모차르트의 초기 현악4중주에 관해서는 Wolf-Dieter
Seiffert, *Mozarts frühe Streichquartette*(Munich, 1992)을 참고.

2) 〈루치오 실라〉의 초연은 1771년 12월 26일이다.

3) 자세한 인용이나 그밖의 증거 자료를 위해서 Otto Erich Deutsch, *Mozart: a
Documentary Biography*, trans. Eric Blom, Peter Branscombe and Jeremy Noble
(London, 1990)(지금부터 간단히 Deutsch, *Doc. Biog.*로 표기함), 126-8과 131-2 참고.

4) 핀셔(Ludwig Finscher)가 이 사실에 처음 주목하였다 Ludwig Finscher, 'Aspects
of Mozart's Compositional Process in the Quartet Autographs: I. The Early Quartets,
II. The Genesis of K.387,' in *The String Quartets of Haydn, Mozart, and Beethoven:
Studies of the Autograph Manuscripts*, Isham Library Papers III, ed. C. Wolff and R.
Riggs(Cambridge, Mass., 1980), 121-53(at p. 125)과 그의 Facs. 5(p. 139)를 참고. 자필
악보는 베를린의 Preußischer Staatsbibliothek의 예전 자료 속에 보관되어 있었으나 현
재 튀빙겐대학(The University of Tübingen)에 보관되어 있다.

5) 이 부분의 Facsimile는 *NMA* 18/i/1, p. xv에 있다.

6) Facsimile를 보려면 *NMA* 18/i/1, p. xvi를 참고.

7) 자세한 설명은 제3장을 참고.

8) Cliff Eisen, *New Mozart Documents*(Stanford, 1991), no. 129; idem, 'Contributions to a New Mozart Documentary Biography,' *Journal of the American Musicological Society* 39(1986), 625-6을 참고.

9) Einstein, *Mozart: his Character, his Work*, 75-8(p. 77). 모차르트의 현악4중주에 대한 하이든 현악4중주의 영향은 또한 Wyzewa와 Saint-Foix에 의해서도 논의되었다.

10) 모차르트의 현악4중주에 미친 하이든의 op. 20의 영향은 E. F. Schmid, 'Mozart and Haydn,' in P. H. Lang(ed.), *The Creative World of Mozart*(New York, 1963), and Stanley Sadie, *Mozart*(London, 1965), 84를 참고. 이 문제를 해결하려는 최근의 시도는 A. Peter Brown's 'Haydn and Mozart's 1773 Stay in Vienna: Weeding a Musicological Garden,' *The Journal of Musicology* 10(1992), 192-230. 또한 Walter Senn, 'Die Mozart-Überlieferung im Stift Heilig Kreuz zu Augsburg,' *Neues Augsburger Mozart-Buch*(Augsburg, 1962), 333-68을 참고. Senn의 논문은 모차르트가 1773년 빈에서 하이든 op. 17의 성부 악보를 구입했으며, 모차르트가 직접 무엇을 적어두기도 했다고 주장한다. 그러나 아이젠은 모차르트가 악보에다 무엇을 기록한 시점을 1780년대초로 주장한다. Cliff Eisen, 'The Mozarts' Salzburg Music Library,' in *Mozart Studies* 2, ed. C. Eisen(Oxford, forthcoming). 책이 출판되기 전에 그가 발견한 사실을 나에게 알려 준 Eisen 교수에게 감사드린다.

2. 〈하이든 현악4중주곡〉의 유래와 창작 배경

1) 모차르트는 빈의 알타리아사가 1781년에 출판한 바이올린과 피아노를 위한 소나타 K.296과 K.376-80을 언급하고 있다.

2) *Six Sonates pour Clavecin ou Forté Piano avec Accompagnement d'un Violon, dediées a Son Altesse életorale Madame l'Eletrice Palatine par Wolfgang Amadeo Mozart fils*(Paris, 1778)

3) *Mozart's Thematic Catalogue: a Facsimile*, introduction and transcription by Albi Rosenthal and Alan Tyson(London: The British Library, 1990).

4) *A Musical Pilgrimage. Being the Travel Diaries of Vincent & Mary Novello in the Year 1829*, ed. Rosemary Hughes(London, 1955), 112.

5) 모차르트는 9월 1일자의 출판 헌정문에서 이 사실을 분명히 밝히고 있다. "당신의 찬사가 당신께 이 작품들을 헌정토록 고무했으며, 이 작품들이 당신의 호응에 전혀 부족함이 없을 것이라는 희망을 갖게 되었습니다."

6) 이 내용은 레오폴트가 그의 딸에게 보낸 편지(1785년 2월 16일)에 인용되었다.

7) 'The Sincerest Form of Flattery?' 370. 그레퍼(Graeffer)사가 플레옐의 op. 2를 출판했다: *Sei Quartetti a duc violini, viola e violoncello, composti e dedicate al celebrissimo estimatissimo fu suo maestro Giuseppe Haydn.*

8) Deutsch, *Doc. Biog.*, 252.

9) 모차르트는 플레옐의 현악4중주 op. 1을 염두에 둔 것 같다. 빈의 그레프사가 플레옐의 op. 1을 1783년에 출판했다. *Sei Quartetti a due violini, viola e violoncello …… opera I.*

10) 컬러판 Facsimile가 출판되었다: *Wolfgang Amadeus Mozart: The Six 'Haydn' String Quartets. Facsimile of the Autograph Manuscripts in the British Library Add. MS. 37763*, introduction by Alan Tyson, British Library Music Facsimiles 4(London, 1985). 자필 악보와 관련된 다음 논의는 모차르트의 자필 악보에 관한 타이슨의 연구에 대부분 의존하고 있다. 타이슨의 원래 연구(훨씬 더 설득력 있는 해설을 포함한)를 보려면 Alan Tyson, 'Mozart' s "Haydn" Quartets: the Contribution of Paper Studies' and 'The Origin of Mozart' s "Hunt" Quartet, K.458' (두 논문은 Tyson, *Mozart: Studies of the Autograph Scores*(Cambridge, Mass., 1987), 82–105에 재판되어 있다).

11) Deutsch, *Doc. Biog.*, 490–2, the 'Article of Agreement Between Constanze Mozart and Johann Anton André' (1799년 11월 8일)를 참고. 492쪽에 적힌 4중주의 목록은 6개의 〈하이든 현악4중주곡〉을 포함한다.

12) K.475와 K.457의 자필 악보는 으랫동안 분실된 것으로 추측되었으나, 필라델피아의 Eastern Baptist Seminary에 수 년 동안 보존되어 있던 자필 악보가 1990년 재발견되었으며, 그후 Sotheby에서 경매에 붙여졌고, 지금은 천연색 팩시밀리로 이용 가능하다. *Wolfgang Amadeus Mozart: Fantasie c–Moll für Klavier KV 475 und Sonate c–Moll für Klaveir KV 457: Faksimile Ausgabe nach dem Autograph in der Biblioteca Mozartiana Salzburg*, introduction by Wolfgang Plath and Wolfgang Rehm (Salzburg, 1991).

13) 음악 작품의 출판과 관련된 헌정문에서 사용된 수사학적 기법은 지금까지 별로 주의를 끌지 못했다. Marc Evan Bonds, 'The Sincerest Form of Flattery?' 366–71에서 최초로 언급된다. 모차르트와 하이든이 작곡의 수사적 기법에 정통했음을 증명하는 다음의 연구가 있다: Elaine Sisman, *Haydn and the Classical Variation*(Cambridge, Mass., and London, 1993), 24–5, and *idem, Mozart: the 'Jupiter' Symphony* (Cambridge, 1993), 12–13.

14) 이 무렵 피아노 협주곡 K.449와 K.488을 포함한 몇몇 작품들도 상당 기간 동안 미완성으로 방치되었다. Alan Tyson, *Mozart: Studies of the Autograph Scores*, 152–6. and his figures 11.3 and 11.4를 참고.

15) *Kritische Berichte Serie VIII: Kammermusik Werkgruppe 20: Streichquartette und Quartette mit einem Blasinstrument. Abteilung 1: Streichquartette Band 2*, ed. Ludwig Finscher and Wolf-Dieter Seiffert(Kassel, 1993).

16) K.387 피날레의 창작 과정에 관한 세부적인 논의는 Ludwig Finscher, 'Aspects of Mozart's Compositional Process in the Quartet Autographs: II. The Genesis of K.387' 과 Marius Flothuis, 'A Close Reading of the Autographs of Mozart's Ten Late Quartets,' in *The String Quartets of Haydn, Mozart, and Beethoven: Studies of the Autograph Manuscripts*, Isham Library Papers III, ed. C. Wolff and R. Riggs (Cambridge, Mass., 1980), 154-78.

17) 발견된 악보와 관련된 자세한 논의는 *Kritische Berichte* VIII/20/1/2의 p. b/108 에 있다. K.464의 스케치는 fol. 2v에 있다. 첫 악구는 10마디인데, 실제로 K.464의 종악장에서 사용되지 않은 주제가(그러나 주제의 길이는 같고 첫 마디의 박절 배치는 동일하다) 1마디 간격으로 1옥타브 아래에서 제1바이올린, 제2바이올린, 비올라와 첼로 가 차례로 카논적 모방을 시작한다. 이 부분의 정확한 채보(a diplomatic transcription)는 *Kritische Berichte*의 p. b/166에 있다. 스케치에 음자리표가 없기 때문에 최초의 스케치로 보기는 어렵지만, 이 스케치는 주제의 초기 상태를 제시한다. 이 단편 스케치에 관해서는 Ulrich Konrad, 'Neuentdecktes und wiedergefundenes Werkstattmaterial Wolfgang Amdeus Mozarts: erster Nachtrag zum Katalog der Skizzen und Entwürfe,' in *Mozart-Jahrbuch*(1995), 20-2를 참고.

18) *NMA* VIII/20/1/3, App., no. 10에 있다. 첫 folio의 축소된 facsimile는 Alan Tyson's introduction to the British Library facsimile of the 'Haydn' quartets, p. x에 있다.

3. 출판 과정의 단계

1) 이 사실은 1785년 2월 16일과 21일, 3월 12일과 25-6일의 편지 및 4월 16일의 편지에서 언급된다.

2) *Provinzialnachrichten Wien*(1785년 3월 5일)이 Deutsch, *Doc. Biog.*, 238에 인용되었다. 피아노 협주곡, K.413-5의 다른 광고는 3월 29일자 *Wiener Realzeitung* (Deutsch, *Doc. Biog.*, 242)에 실려있으며, 여기에는 새로 작곡된 하이든의 교향곡도 함께 포함된다.

3) Deutsch, *Doc. Biog.*, 243.

4) *Trois Sonates pour le claveçin ou pianoforte······ composées par Mr. W. A. Mozart, dediées a son excellence Madame la Comtesse de Kobenzl······. Oeuvre VII* (Vienna, 1874). 여기 언급된 3개의 소타나는 피아노 소나타 K.333(Bb장조), K.284(D

장조)와 바이올린 소나타 K.454를 포함한다. A. Weinmann, 'Torricella' in *The New Grove* and his *Kataloge Anton Huberty (Wien) und Christoph Torricella*(Vienna, 1962)를 참고.

5) *Wiener Zeitung*(1785년 8월 17일)의 내용은 Deutsch, *Doc. Biog.*, 247에 인용.

6) *Wiener Zeitung*(1785년 8월 31일)의 내용이 Deutsch, *Doc. Biog.*, 249에 인용.

7) 토리첼라(Torricella)가 이 작품들을 1786년에 처음 출판하였다(토리첼라의 악보는 현재 남아 있지 않다). 그후 1786년말경 토리첼라가 파산할 무렵 토리첼라의 지분과 인쇄 도판의 일부를 구매한 알타리아사가 이 작품들을 다시 출판하였다.

8) Deutsch, *Doc. Biog.*, 246에 인용되어 있다. 변주곡 K.359, K.360과 K.455는 1786년 8월 5일 《빈 신문》에 게재되었다. 수사보의 판매를 위한 광고는 1785년 8월 31일 Lorenz Lausch가, 그리고 9월 14일 Johann Traeg사가 《빈 신문》에 게재하였다.

9) 알타리아사에 관해서는 Alexander Weinmann, *Vollständiges Verlagsverzeichnis Artaria & Comp.*(Vienna, 1952); 'Artaria,' in *The New Grove*; and E. F. Schmid, 'Artaria,' in *Musik in Geschichte und Gegenwart*를 참고. 알타리아의 출판 활동에 관한 유용한 개요는 Peter Clive, *Mozart and his Circle*(London, 1993), 15-16에 있다.

10) 알타리아사는 베토벤의 트리오 op. 1과 피아노 소나타 op. 2를 1795년과 1796년에 각각 출판하였다.

11) Sieber사는 1791년, 1792년, 1801년, 1805-13년에 〈하이든 현악4중주곡〉을 출판했다. *Kritische Berichte VIII/201/2*, pp.b/8-9를 참고.

12) Deutsch, *Doc. Biog.*, 252에 재판되어 있다. 동일한 내용의 광고문이 9월 18일자 《빈 신문》에 있다.

13) *Wiener Zeitung*(1785년 9월 10일); Deutsch, *Doc. Biog.*, 251.

14) *Wiener Zeitung*(9월 17일); Deutsch, *Doc. Biog.*, 252.

15) Deutsch, *Doc. Biog.*, 252-3. 토리첼라의 반박을 담은 원래의 자료는 분실되었다. 발췌된 인용문은 Otto Jahn, *W. A. Mozart*(Leipzig, 1856)과 in the 3rd edition of *Köchel*, prepared by Alfred Einstein(1937), 233에 들어 있다.

16) Deutsch, *Doc. Biog.*, 255. 다른 도매상들도 광고에 즉시 가담했는데, 예를 들면 사보가이면서 악보 도매상인 Lorenz Lausch는 〈하이든 현악4중주곡〉이 출판된 후 한 달이 채 지나기 전에 자신의 가게에서 알타리아가 발행한 인쇄보를 공식 가격(6 fl. 30kr.)으로 광고했다.

17) "모차르트의 작품보다 내 작품이 당신 회사에게 더 많은 이익을 남겨 줄 것입니다(나를 포함한 많은 이론가들이 모차르트의 작품에 최고의 찬사를 보내지만, 압도적이고 완벽한 예술성 때문에 모차르트의 음악은 결코 모든 사람의 취향을 위한 작품은 아닙니다.)" Eisen, *New Mozart Documents*, 54.

18) 1785년 12월 2일의 편지.

4. 〈하이든 현악4중주곡〉의 개요

1) 음악 형식에 관한 19세기 문헌의 체계적인 연구는 Ian Bent, *Analysis*, The New Grove Handbooks in Music(London, 1987), Chapter II; *idem*, 'Analytical Thinking in the First Half of the Nineteenth Century,' in Edward Olleson (ed.), *Modern Musical Scholarship*(London, 1980), 151-66; and Ian Bent (ed.), *Music Analysis in the Nineteenth Century*, Vol. I: *Fugue, Form and Style*; Vol. II: *Hermeneutic Approaches* (Cambridge, 1994)를 참고. 18세기 이론가들의 저술은 Leonard Ratner, *Classic Music, Expression, Form, Style*(New York, 1980), 217 ff를 참고. 소나타 형식은 다음의 18세기 문헌에 기술되어 있다: Heinrich Christoph Koch, *Versuch einer Anleitung zur Composition* vol. II(Leipzig, 1787), 223; vol. III(Leipzig, 1793), 301 ff. and 341 ff.; Johann Georg Portmann, *Leichtes Lehrbuch der Harmonie, Composition, und des General-basses*(Darmstadt, 1789), 50; Georg Löhlein, *Clavierschüle* 5th edn. (Leipzig and Züllichau, 1791), 182 ff.; Francesco Galeazzi, *Elementi teorico-practici di Musica* vol. II(Rome, 1796), 251 ff.; August Kollmann, *An Essay on Practical Musical Composition*(London, 1799), 5.

2) 이 주제에 관한 흥미로운 연구는 Esther Cavett-Dunsby, 'Mozart's "Haydn" Quartets: Composing Up and Down Without Rules,' *Journal of the Royal Musical Association* 113(1988), 57-80을 참고.

3) 레오폴트가 사용했을 법한 저서는 *De rhythmopoeia, oder von der Taktordnung* (Frankfurt and Leipzig, 1752) 또는 *Grundregln zur Taktordnung insgemein*(Frankfurt and Leipzig, 1755).

4) Riepel, *Grundregln*, 36-71 *passim*.

5) 마디 13-16과 마디 65-70에서 반음계 선율은 모방대위적 짜임새 속에서 교차하는 다이내믹의 '폴리포니'를 이룬다. Peter Williams는 교차하는 다이내믹(p, f, p)은 동시대 바이올린 교수법의 한 기법에서 유래한 것임을 암시한다. 'Mozart's use of the Chromatic Fourth,' in Peter Williams and R. Larry Todd(eds.), *Perspectives on Mozart Performance*(Cambridge, 1991), pp. 209-210을 참고. 그러나 이런 특징이 전적으로 보잉 기법과 관련되는 것은 아닌데, 베토벤도 비슷한 유형의 다이내믹을 G장조 피아노 소나타 op. 14, no. 2(마디 17-18, *et seq*)에서 사용하기 때문이다. 반음계와 결합된 비슷한 유형의 다이내믹 기법은 K.387의 제1악장의 마디 37-8과 K.428의 *Andante con moto* 악장의 마디 90에서도 발견된다.

6) Charles Rosen, *Sonata Forms*(New York and London, 1988), 108.

7) 'Brahms the Progressive,' in L. Stein and L. Black (trans. and ed.), *Style and Idea*(London, 1984) 415-16.

8) 재현부의 변형에 관하여 Esther Cavett-Dunsby, 'Mozart's "Haydn" Quartets: Composing Up and Down Without Rules,' 60-1을 참고.

9) Rosen, *Sonata Forms*, 112, 114.

10) James M. Baker, 'Chromaticism in Classical Music,' in Christopher Hatch and David W. Bernstein(eds.), *Music Theory and the Exploration of the Past*(Chicago, 1993), 235.

11) 소나타 형식의 경과구가 종종 딸림조의 딸림화음으로 끝나는 반면 이 경우는 딸림조에서 분명한 완전 종지로 끝난다.

12) 장식음이 어떤 이유인지 조금 다르게 기보되어 있지만, 마디40의 리듬형과 분명하게 관련된다.

13) *Grundregeln*, 36-71 *passim*.

14) *Fundamentals of Musical Composition*, ed. G. Strang and L. Stein (London, 1967), 146-8.

15) 유사한 실례로서 판타지아 K.475(C단조)의 시작 부분, K.421의 미뉴에트와 베토벤의 피아노 소나타 op. 53, 'Waldstein'의 시작 부분을 들 수 있다. K.465의 아다지오 도입부는 '정상적인' 조성 및 악구 구조와 무관한 선율과 화성의 진행을 포함한다는 점에서 C단조 판타지아(K.465와 같은 해인 1785년 후반에 작곡되었다)와 기법적으로 유사하다.

16) 아다지오의 시작에 두드러지는 반음 '거짓 관계' 'A-Ab'을 후에 알레그로(뿐만 아니라 K.465의 후속 악장들에서도)에 나타나는 중요한 선율과 화성의 전조로서 설명하려는 시도는 Baker, 'Chromaticism in Classical Music,' 286-94를 참고.

5. 이론적 관점

1) 1778년 6월 11일 편지에서 레오폴트는 상당수 18세기 이론가들의 저서에 대한 자신의 지식을 기록하고 있다.

2) *Musikalischer Almanach auf das Jahr 1784*, 31-2. 영역문은 Bonds, *Wordless Rhetoric: Musical Form and the Metaphor of the Oration*(Cambridge, Mass., 1991), 123-4를 참고. Bonds의 저서에서 Forkel의 음악수사학에 관한 부분은(pp. 121-6)은 자세한 연구를 요한다. Forkel의 음악수사학 연구에 선행하여 Bonds는 K.465 1악장의 수사학적 분석을(pp. 102, 112, Ex. 2.4) 제시하는데, 그는 제1주제의 'elaboratio'의 수사학적 기법을 연구한다.

3) 나머지 두 단계는 '기억(memoria)'과 '연주(pronuntiatio)'이다. 수사학 관련 고대의 저술은 모두 참고 문헌 목록(Bibliography)에 수록되어 있다. 가장 중요한 저서인 *Ad Herrenium*, Quintilian's *Oratoria*와 Cicero's *De Oratore*는 15세기 후반 이탈리아에서

처음 출판되었으며, 19세기 중엽까지 유럽 교육에서 기본 지침서가 된다.

4) 당시에 널리 읽혀진 줄처(Johann Georg Sulzer)의 *Allgemeine Geschichte der schönen Künste*(Leipzig, 1771-4)에서 그가 제시한 작곡 과정이 포르켈의 수사학 모델과 비슷한 순서로 구성된 점은 주목할 만하다. 줄처가 제시한 작곡 과정은 Erfindung(발명), Entwurf(스케치), Anlage(배치), Form(형식), Plan(계획), Anordnung(배열), Ausarbeitung(수식)의 순서를 따른다. Nancy Kovaleff Baker and Thomas Christensen (eds.), *Aesthetics and the Art of Musical Composition in the German Enlightenment*(Cambridge, 1995), 55-80.

5) *A Treatise on the Fundamental Principles of Violin Playing by Leopold Mozart*, trans. Edith Knocker(London, 1948; 2nd edn. 1951).

6) 고체트의 저서는 18세기 중엽 독일 문학에서 매우 중요한 위치를 차지했으며, 널리 재출판되었다. 레오폴트는 고체트의 저서 *Ausführliche Redekunst*(Augsburg, 1736)와 *Grundlegung einer Deutschen Sprachkunst*(Augsburg, 1748)를 소장하였다. 레오폴트의 교육에서 수사학의 중요성은 John Irving, *Mozart's Piano Sonatas* (Cambridge, 1997), 106-8에 자세하게 논의된다.

7) *Institutio*, III. iii.

8) *The Study of Counterpoint from Johann Joseph Fux's Gradus ad Parnassum*, trans. and ed. A. Mann(New York, 1965). 3종 대위법의 Fig. 55(p. 53)와 5종 대위법의 Fig. 82(p. 63)는 원래 1종 대위법의 Fig. 5(p. 29)와 관련된 선율의 장식으로 간주된다. 모차르트는 그의 아버지 레오폴트가 1746년에 구입한 푹스의 이론서를 연구했을 법하다. 하이든은 자신의 전기 작가 Griesinger에게 푹스의 이론서로부터 대위법을 배웠다고 설명한 적이 있다.

9) III, 26, reproduced in L. Ratner, *Classic Music: Expression, Form, and Style* (New York, 1980), 95.

10) Elaine R. Sisman, 'Small and Expanded Forms: Koch's Model and Haydn's Music,' *The Musical Quarterly* 68(1982), 444-75.

11) Sisman, *Haydn and the Classical Variation*(Cambridge, Mass., 1993), Chapter 2.

12) IV.xxxi-xxxiv.

13) *Institutio*, VIII.vi.4-9 *passim*.

14) 이 주제와 관련해서 가장 잘 알려진 Ratner의 저서는 *Classic Music: Expression, Form and Style*이다. Wye J. Allanbrook의 *Rhythmic Gesture in Mozart*(Chicago, 1983)는 18세기의 '토픽성(topicality)'에 관한 기본 연구서이다. 18세기 후반 음악에 내재한 '토픽성'에 관한 최근의 연구는 V. Kofi Afawu, *Playing with Signs: a Semiotic Interpretation of Classic Music*(Princeton, 1991), 26-50을 참고. Agawu는 모차르트의 C장조 5중주, K.515의 제1악장을 '토픽성'과 관련하여 분석하고 있다(pp. 80-99).

15) *Rhythmic Gesture*, 2.

16) 자슬로(Neal Zaslaw)는 최근에 모차르트의 음악에 'Sturm und Drang'의 적용 가능성에 대하여 의문을 제기했다. 그는 이른바 'Sturm und drang'과 관련된 모차르트 작품의 대부분이 유래된 문학 작품보다 먼저 작곡된 사실을 지적하였다. *Zaslaw's Mozart's Symphonies: Context, Performance Practice, Reception*(Oxford, 1989), 261-3을 참고. 어쨌든 'Sturm und drang'은 극도로 흥분된 음악적 표현를 지칭하는 데 편리한 용어이다.

17) Wye J. Allanbrook은 K.428, Allegro non troppo 악장에서 제2주제와 관련된 일련의 토픽을 집중적으로 연구하였다. '"To Serve the Private Pleasure",' 156과 Ex. 7. 15를 참고.

18) George Buelow, 'The Loci Topici and Affect in Late Baroque Music: Heinichen's Practical Demonstration,' *The Music Review* 27(1966), 161-76; 'Music, Rhetoric and the Concept of the Affections: a Selective Bibliography,' *Notes* 30(1973-4), 250-9.

19) Deutsch, *Doc. Biog.*, 97-8에 인용되었다.

20) '샤세' 토픽은 모차르트의 네번째 호른 협주곡 K.495의 종악장에서 꽤 분명하게 인지된다. 이 악장의 주선율에 지배적인 으뜸화음과 딸림화음의 특징적인 음정 구조는 호른의 물리적 역량과 관련되며, 동시에 야외에서 연주되는 사냥 나팔 소리를 상징함으로써 '샤세'의 본질인 '순수한' 특성과 좀더 밀접하게 관련되는 듯 보인다. 일단 '토픽(샤세)'의 특성이 명확하게 규정된 후 '샤세'의 특징은 다른 악기와 다른 장르에 이식될 수도 있다.

21) 'The Chasse as a Musical Topic of the 18th Century,' *Journal of the America Musicological Society* 6(1953), 148-59.

22) Quintilian, *Institutio Oratoria*, VIII.vi. 62-5. *Ad Herrenium* IV.xxxii.

23) Quintilian, *Institutio*, IX.iii.54-5; *Ad Herrenium*, IV.xxv.

6. 〈하이든 현악4중주곡〉의 수용 역사

1) 모차르트의 현악4중주는 Series 14 (*Quartette für Streichinstrumente*) in Leipzig in 1881-2에 있다.

2) *Repertoire Internationale des Sources Musicales* [*RISM*] A/I/6, M6114, 6132.

3) *RISM deest*, A/I/6, M6145, 6147.

4) Sieber(Paris)사는 1791년부터 1831년까지 여러 차례에 걸쳐 현악4중주를 출판했다. 지버사가 발행한 초판(*RISM* A/I/6, M6150)은 K.465, K.387과 K.464를 순서대로 포함한다. 나머지 작품들은 다음해에 출판되었다(*RISM* A/I/6, M6140). 플레옐은

2개의 판을 발행했으며, 초판(*RISM* A/I/6, M.6139, M6151)은 1800년경에 출판되었다. 플레옐의 초판은 두 권으로 구성되며 각각은 3개의 작품을 포함한다(K.428, K.458, K.421; K.465, K.387, K.464). 플레옐의 재판(*RISM*에 포함되지 않음)은 1807-8년에 출간되었고, 세 권으로 구성되며 각 권은 2개의 작품을 포함한다(K.387, K421; K.458, K.428; K.464, K.465).

5) *RISM* A/I/6, M6118.

6) *RISM* A/I/6, M6124.

7) J. de Seyfried가 오케스트라용으로 편곡한 K.465의 안단테 악장을 1824년경 앙드레사가 출판했다(*RISM* A/I/6; M6227). K.387의 전곡이 피아노(독주용과 2중주용) 악보로 편곡되었다(1833년경 베를린의 A. M. Schlesinger가 출판했으며, 자세한 설명은 *Kritische Berichte to NMA* VIII: 20/1/ii, p. Bb^8 을 참고). K.421의 느린 악장과 종악장(변주 형식)의 2중주 편곡 악보를 영국에서 Longman & Clementi가 출판했으며 (London, c. 1800: *RISM* A/I/6, M6221) 독일에서 P. C. Hilschner가 출판했다(Dresden, *RISM* A/I/6, M6220). K.458, K.428, K.464, K.465의 피아노용 편곡 악보는 19세기초 이후 거의 잊혀졌다.

8) *RISM* A/I/6, M6122, 6129, 6142, 6148, 6153.

9) K.387: Beethoven Archive, Bonn, sig. NE119(종악장의 일부가 언젠가 베토벤이 소장한 필사보에서 분리되었으며, 현재는 New York의 Pierpoint Morgan Library에 있다 (Mary Flagler Cary collection)). K.464: Stiftelser Musikkulturens Främjande, Stockholm (no call-mark). 베토벤의 현악4중주 Op. 18, no. 5와 모차르트의 K.464의 관계에 대한 자세한 연구는 다음을 참고. Jeremy Yudkin, 'Beethoven's "Mozart" Quartet,' *Journal of the American Musicological Society* 45(1992), 30-73.

10) 영역본 Nancy K. Baker, *Heinrich Christoph Koch: Introductory Essay on Composition-The Mechanical Rules of Melody, Sections 3 & 4*(New Haven & London, 1983), 197을 참고.

11) 레오폴트가 그의 딸 Nannerl에게 보낸 편지에 있다(1785년 11월 3일).

12) Deutsch, *Doc. Biog.*, 290에 인용되었다.

13) 이러한 기술에 적절한 몇몇 실례로서 K.387과 K.465의 종악장에 있는 콩트르당스 요소를 들 수 있다.

14) 동시대인들에 대한 또 하나의 도전은 〈하이든 현악4중주곡〉의 화성 기법이다. Otto Jahn의 저서 *W. A. Mozart*(Leipzig, 1856-9; 영역본 P. J. Townsend, London, 1882) 에 따르면 고용된 음악가들이 연주하는 〈하이든 현악4중주곡〉을 듣고서 그들이 '틀린' 음을 연주한다고 Grassalkowitz 공이 생각하였다. 공이 직접 그 부분의 악보를 본 후 불협화음이 그대로 기보된 것을 보고서 화가 나 사본을 찢어 버렸다는 일화가 있다. 아마 그의 기분을 상하게 한 부분은 K.465의 아다지오 도입부일 것이다.(아랫부

분을 참고) 모차르트의 친구이자 제자였던 Thomas Attwood는 1785년말 Giacomo Ferrari에게 〈하이든 현악4중주곡〉의 사본을 선사하면서 페라리에게 이 곡을 여러 차례 들을 때까지 이 작품의 판단을 보류해야 한다고 충고했다. 페라리와 '몇 명의 음악 애호가 및 음악 선생들'은 단지 '느린 악장들'만 연주할 수 있었고, 심지어 느린 악장들도 겨우 연주할 수 있었다. C. Eisen, *New Mozart Documents*(Stanford, 1991), p. 81.

15) 3 vols. (Paris, 1806). 모차르트의 현악4중주에 대한 부분은 I, 307-82; II, 387-403; III, 109-56(악보의 실례를 포함)이다.

16) I, 371(저자의 번역). 모미니의 이론서 제3권에 모미니의 주석이 붙은 악보는 다음과 같은 가사로 시작한다. 'Ah! quand tu fais mon déplaisir, ingrat, je veux me plaindre, et non pas t'attendrir.'

17) *La Revue musicale* series 1, vol. 5(July 1829), 601-6. 이와 관련된 논쟁은 J. A. Vetrees, 'Mozart's String Quartet K.465: the History of a Controversy,' *Current Musicology* 17(1974), 96-114를 참고.

18) *La Revue musicale* series 1, vol. 6(August 1829), 25-34.

19) *La Revue musicale* series 2, vol. 8(July 1830), 321-8('Nouvelles discussions sur l'introduction d'un quatuor de Mozart').

20) *Cäcilia* 14(1832), 1-49.

21) Sarti의 *Esame acustico fatto sopra dus frammenti di Mozart*의 번역문 개요가 *Allgemeine musikalische Zeitung* 34(1832), 373에 게재되었는데, 번역에 따르면 사르티는 K.465의 아다지오 부분을 '야만적'으로 기술했다.

22) Leipzig and Halle, 1791; 4th, rev. edn. 1824.

23) *The Harmonicon*, 10(1832), 243-6, under the title, 'Sarti *versus* Mozart'. 또 하나의 '단편 스케치'는 K.421의 시작 부분이다.

24) 'Sarti *versus* Mozart,' 246.

25) *W. A. Mozart*, III, 10, 12.

26) *Ibid.*, 3.

27) Hans Keller, 'The Chamber Music,' in H. C. Robbins Landon and D. Mitchell (eds.), *The Mozart Companion*(London, 1956), 90-1, 116.

28) *Ibid.*, 103-4.

29) Stanley Sadie, *Mozart*(London, 1965), 88. *The New Grove*(1980)에 포함된 사디의 모차르트 논문에서 "모차르트가 하이든의 op. 33을 모방하려 했다는 점은 거의 의심의 여지가 없다. 모차르트가 하이든에게 진 빚은 구체적 유사성보다는 현악4중주의 양식에 대한 전반적인 접근과 관련된다……. 그 유사성은 하이든의 작품에 대한 모차르트의 지식, 의식적이든 무의식적이든 하이든의 작품과 경쟁하려는 모차르트의 관심을 분명하게 남겨둔다"고 사디는 기록하고 있다.

30) Alfred Einstein, *Mozart: his Character, his Work*, 175-8; Theodore de Wyzewa and Georges de Saint-Foix, *Wolfgang Amédée Mozart: sa vie musicale et son oeuvre*, 5 vols. (Paris, 1912-46), II, 55-82.

31) Marc Evan Bonds, 'The Sincerest Form of Flattery?' 365-409.

32) '변형을 통한 영향(influence as transformation)'의 유형에 관한 최근의 연구는 문예이론에서 빌려 온 기법이다(구체적으로 Harold Bloom's *The Anxiety of Influence: a Theory of Poetry*(Oxford, 1973)). 또한 Kevin Korsyn, 'Toward a New Poetics of Musical Influence,' *Music Analysis* 10(1991), 3-72; and Susan Youens, 'Schubert, Mahler and the Weight of the Past: "Lieder eines fahrenden Gesellen" and "Winterreise",' *Music and Letters* 67(1986), 256-68을 참고.

33) 'The Sincerest Form of Flattery?' 365-409.

34) '"To Serve the Private Pleasure",' 133.

35) 'Equal but Different: the Six "Haydn" Quartets,' in his *Mozart: a Musical Biography*(Oxford, 1996), 194.

36) Maynard Solomon, *Mozart: a Life* (London, 1995), 200.

37) David Charlton(ed.), *E. T. A. Hoffmann's Musical Writings: Kreisleriana, the Poet and the Composer, Music Criticism*, trans. Martyn Clarke(Cambridge, 1989), 99.

38) Richard Tarnas, *The Passion of the Western Mind*(London, 1991), 398, 399.

참고 문헌

The quartets: prints and manuscripts

Wolfgang Amadeus Mozart: Neue Ausgabe Sämtliche Werke Serie VIII: Kammermusik Werkgruppe 20: Streichquartette und Quartette mit einem Blasinstrument. Abteilung 1: Streichquartette Band 2, ed. Karl Heinz Füssl, Wolfgang Plath and Wolfgang Rehm (Kassel, etc., 1966).

Wolfgang Amadeus Mozart: Kritische Berichte Serie VIII: Kammermusik Werkgruppe 20: Streichquartette und Quartette mit einem Blasinstrument. Abteilung 1: Streichquartette Band 2, ed. Ludwig Finscher and Wolf–Dieter Seiffert (Kassel, 1993)

Wolfgang Adameus Mozart: the Six 'Haydn' String Quartets. Facsimile of the Autograph Manuscripts in the British Library Add. MS. 37763, introduction by Alan Tyson, British Library Music Facsimiles IV (London, 1985).

Books and articles

Allanbrook, Wye J. '"To Serve the Private Pleasure": Expression and Form in the String Quartets,' in Stanley Sadie (ed.), *Wolfgang Amadè Mozart: Essays on his Life and Music* (Oxford, 1996), 132–60.

Anderson, Emily (trans and ed.). *The Letters of Mozart and his Family*, 3rd, rev. edn S. Sadie and F. Smart (London, 1983).

Aristotle. *The 'Art' of Rhetoric*, trans. John Henry Freese, Loeb Classical Library no. 193 (Cambridge, Mass., and London, 1926, rep. 1991).

Bach, C. P. E. *Versuch über die wahre Art das Clavier zu spielen* (Berlin, 1753). English trans. W. J. Mitchell as *C. P. E. Bach: Essay on the True Art of Playing Keyboard Instruments* (London, 1949).

Baker, Nancz Kovaleff and Thomas Christensen (ed. and trans.) *Aesthetics and the Art of Musical Composition in the German Enlightenment: Selected Writings of Johann Georg Sulzer and Heinrich Christoph Koch* (Cambridge, 1995).

Bauer, Wilhelm, and Otto E. Deutsch (eds.). *Wolfgang Amadeus Mozart, Briefe und*

Aufzeichnungen (Salzburg, 1962-75).

Bonds, Marc E. *Wordless Rhetoric: Musical Form and the Metaphor of the Oration* (Cambridge, Mass., 1991).

'The Sincerest Form of Flattery? Mozart's "Haydn" Quartets and the Question of Influence,' in *Studi Musicali* 22 (1993), 365-409.

Buelow, George. 'The Concept of "Melodielehre": a Key to Classic Style,' in *Mozart Jahrbuch* (1978-9), 182-95.

'The Loci Topici and Affect in Late Baroque Music: Heinichen's Practical Demonstration,' *The Music Review* 27 (1966), 161-76.

'Music, Rhetoric and the Concept of the Affections: a Selective Bibliography,' *Notes* 30 (1973-4), 250-9.

Cavett-Dunsby, Esther. *Mozart's Variations Reconsidered: Four Case Studies (K. 613, K.501 and the Finales of K.421 (417b) and K.491)* (New York and London, 1989).

'Mozart's "Haydn" Quartets: Composing Up and Down without Rules,' *Journal of the Royal Musical Association* 113 (1988), 57-80.

[pseudo-Cicero]. *Ad Herrenium*, trans. H. Caplan, Loeb Classical Library no. 403 (Cambridge, Mass., and London, 1954, rep. 1989).

Cicero. *De Inventione*, trans. H. M. Hubbell, Loeb Classical Library no. 386 (Cambridge, Mass., and London, 1949, rep. 1976).

De Oratore, trans. E. W. Sutton and H. Rackham, Loeb Classical Library no. 348 (Cambridge, Mass., and London, 1942, rep. 1988).

Clive, Peter. *Mozart and his Circle* (London, 1993).

Deutsch, Otto E. *Mozart: a Documentary Biography*, trans. E. Blom, P. Branscombe and J. Noble (London, 1965)[Deutsch, *Doc. Biog.*]

Devriès, Anik, and François Lesure. *Dictionnaire des Editeurs de Musique français* (Geneva, 1979).

Downs, Philip G. *Classical Music: the Era of Haydn, Mozart and Beethoven* (New York and London, 1992), 139.

Einstein, Alfred. Mozart: *his Character, his Work*, trans. A. Mendel and N. Broder (London, 1946).

Eisen, Cliff. *New Mozart Documents* (Stanford, 1991).

Eisen, Cliff (ed.). *Mozart Studies* (Osford, 1991).

Mozart Studies 2 (Oxford, forthcoming).

Feder, Georg. 'Haydn,' *The New Grove Dictionary of Music and Musicians* (London, 1980).

Finscher, Ludwig. 'Aspects of Mozart's Compositional Process in the Quartet Autographs: I. The Early Quartets, II. The Genesis of K.387,' in *The String Quartets of Haydn, Mozart, and Beethoven: Studies of the Autograph Manuscripts*, Isham Library Papers III, ed. Christoph Wolff and Robert Riggs (Cambridge, Mass., 1980), 121–53.

Flothis, Maruis. 'A Close Reading of the Autographs of Mozart's Ten Late Quartets,' in *The String Quartets of Haydn, Mozart, and Beethoven: Studies of the Autograph Manuscripts*, Isham Library Papers III, ed. Christoph Wolff and Robert Riggs (Cambridge, Mass., 1980), 154–78.

Forkel, Johann Nikolaus. *Allgemeine Geschichte der Musik*, 2 vols. (Leipzig, 1788–1801).

Fux, Johann Joseph. *Gradus ad Parnassum* (Vienna, 1725). English trans. A. Mann (ed.), *The Study of Counterpoint from Johann Joseph Fux's Gradus ad Parnassum* (New York, 1965).

Irving, John. *Mozart's Piano Sonatas: Contexts, Sources, Style* (Cambridge, 1997).

Jahn, Otto. *W. A. Mozart* (Leipzig, 1856).

Keller, Hans. 'The Chamber Music,' in H. C. Robbins Landon and D. Mitchell (eds.) *The Mozart Companion* (London, 1956), 90–137.

Kirnberger, Johann. *Die Kunst des reinen Satzes in der Musik* (Berlin, 1771–9).

Koch, Heinrich Christoph. *Versuch einer Anleitung zur Composition* (Leipzig, 1782–93).

Musikalisches Lexicon (Frankfurt–am–Main, 1802).

Kollmann, August F. C. *An Essay on Practical Musical Composition* (London, 1799).

Küster, Konrad. *Mozart: a Musical Biography*, trans. M. Whittall (Oxford, 1996).

Marpurg, Friedrich. *Handbuch bey dem Generalbasse und der Composition* (Berlin, 1755).

Mattheson, Johann. *Der vollkommene Capellmeister* (Hamburg, 1739).

Johann Matthesons General–Bass–Schule (Hamburg, 1731).

Kern melodischer Wissenschaft (Hamburg, 1737).

Momigny, J. J. de. *Cours complet d'Harmonie et de Composition* (Paris, 1806).

Mozart Eigenhändiges Werkverzeichnis Faksimile. Introduction and translation by A. Rosenthal and A. Tyson (Kassel, 1991).

Niemetschek, F. X. *Leben des k. k. Kapellmeisters Wolfgang Gottlieb Mozart nach Originalquellen beschrieben* (Prague, 1797).

Portmann, Johann G. *Leichtes Lehrbuch der Harmonie, Composition, und des*

  Generalbasses (Darmstadt, 1789).

Quintilian. *Institutio Oratoria*, trans. H. E. Butler (Cambridge, Mass., and London, 1921, rep. 1986).

Ratner, Leonard. *Classic Music: Expression, Form, and Style* (New York, 1980).

Riepel, Josef. *Anfangsgründe zur musikalischen Setzkunst I: De Rhythmopoeïa oder von der Tactordnung* (Augsburg, 1752; Regensburg, 1754).

  Grundregeln zur Tonordnung insgemein (Frankfurt and Leipzig, 1755).

Ringer, Alexander. 'The Chasse as a Musical Topic of the 18th Century,' *Journal of the American Musicological Society* 6 (1953), 148–59.

Rosen, Charles. *The Classical Style: Haydn, Mozart, Beethoven* (London, 1971).

  Sonata Forms, rev. edn (New York and London, 1988).

Rousseau, Jean–Jacques. *Dictionnaire de Musique* (Paris, 1768).

Sadie, Stanley. 'Mozart,' *The New Grove Dictionary of Music and Musicians* (London, 1980).

  Mozart (London, 1965).

Schoenberg, Arnold. *Fundamentals of Musical Composition*, ed. G. Strang and L. Stein (London, 1967).

  'Brahms the Progressive,' in L. Stein and L. Black (trans. and ed.), *Style and Idea*, rev. edn (London, 1984), 398–441.

Seiffert, Wolf–Dieter. *Mozarts frühe Streichquartette* (Munich, 1992).

Sisman, Elaine R. *Haydn and the Classical Variation* (Cambridge, Mass., 1993).

  Mozart: the 'Jupiter' Symphony (Cambridge, 1993).

Solomon, Maynard. *Mozart: a Life* (London, 1995).

Sutcliffe, W. Dean. *Haydn String Quartets, Op.* 50 (Cambridge, 1992).

Till, Nicholas. *Mozart and the Enlightenment: Truth, Virtue and Beauty in Mozart's Operas* (London, 1991).

Tyson, Alan. *Mozart: Studies of the Autograph Scores* (Cambridge, Mass., 1987).

  'Mozart's "Haydn" Quartets: the Contribution of Paper Studies,' in *The String Quartets of Haydn, Mozart, and Beetoven: Studies of the Autograph Manuscripts*, Isham Library Papers III, ed. Christoph Wolff and Robert Riggs (Cambridge, Mass., 1980), 179–90.

  'The Origins of Mozart's "Hunt" Quartets, K. 458,' in *Music and Bibliography: Essays in Honour of Alec Hyatt King*, ed. O. Neighbour (London, 1980), 132–48.

Weinmann, Alexander. *Vollständiges Verlagsverzeichnis Artaria & Comp.* (Vienna,

1952).

Kataloge Anton Huberty (Wien) und Christoph Torricella (Vienna, 1962).

'Artaria,' *The New Grove Dinctionary of Music and Musicians* (London, 1980).

'Torricella,' *The New Grove Dictionary of Music and Musicians* (London, 1980).

'Traeg,' *The New Grove Dictionary of Music and Musicians* (London, 1980).

Verlagsverzeichnis Johann Traeg (und Sohn), 2nd, rev. edn (Vienna, 1973).

Wolff, Christoph. 'Creative Exuberance vs. Critical Choice: Thoughts on Mozart's Quartet Fragments,' in *The String Quartets of Haydn, Mozart, and Beethoven: Studies of the Autograph Manuscripts*, (Cambridge, Mass., 1980), Isham Library Papers III, ed. Christoph Wolff and Robert Riggs, 191-210.

Yudkin, Jeremy. 'Beethoven's "Mozart" Quartet,' *Journal of the American Musicological Society* 45 (1992), 30-73.

김지순
경북대학교 예술대학 음악학과 졸업
미국 노스 캐롤라이나 주립대학교 음악학 석사 및 박사
현재 경북대학교 출강
역서: 《베토벤: 전원교향곡》

문예신서
1002

모차르트: 하이든 현악4중주곡

초판발행 : 2003년 8월 20일

지은이 : 존 어빙
옮긴이 : 김지순
총편집 : 韓仁淑
펴낸곳 : 東文選
제10-64호, 78. 12. 16 등록
110-300 서울 종로구 관훈동 74
전화 : 737-2795

편집설계 : 劉汯兒 李惠允

ISBN 89-8038-447-5 94670
ISBN 89-8038-000-3 (문예신서)

【東文選 現代新書】

1 21세기를 위한 새로운 엘리트	FORESEEN 연구소 / 김경현	7,000원
2 의지, 의무, 자유 ― 주제별 논술	L. 밀러 / 이대회	6,000원
3 사유의 패배	A. 핑켈크로트 / 주태환	7,000원
4 문학이론	J. 컬러 / 이은경 · 임옥희	7,000원
5 불교란 무엇인가	D. 키언 / 고길환	6,000원
6 유대교란 무엇인가	N. 솔로몬 / 최창모	6,000원
7 20세기 프랑스철학	E. 매슈스 / 김종갑	8,000원
8 강의에 대한 강의	P. 부르디외 / 현택수	6,000원
9 텔레비전에 대하여	P. 부르디외 / 현택수	7,000원
10 고고학이란 무엇인가	P. 반 / 박범수	8,000원
11 우리는 무엇을 아는가	T. 나겔 / 오영미	5,000원
12 에쁘롱 ― 니체의 문체들	J. 데리다 / 김다은	7,000원
13 히스테리 사례분석	S. 프로이트 / 태혜숙	7,000원
14 사랑의 지혜	A. 핑켈크로트 / 권유현	6,000원
15 일반미학	R. 카이유와 / 이경자	6,000원
16 본다는 것의 의미	J. 버거 / 박범수	10,000원
17 일본영화사	M. 테시에 / 최은미	7,000원
18 청소년을 위한 철학교실	A. 자카르 / 장혜영	7,000원
19 미술사학 입문	M. 포인턴 / 박범수	8,000원
20 클래식	M. 비어드 · J. 헨더슨 / 박범수	6,000원
21 정치란 무엇인가	K. 미노그 / 이정철	6,000원
22 이미지의 폭력	O. 몽젱 / 이은민	8,000원
23 청소년을 위한 경제학교실	J. C. 드루엥 / 조은미	6,000원
24 순진함의 유혹 〔메디시스賞 수상작〕	P. 브뤼크네르 / 김웅권	9,000원
25 청소년을 위한 이야기 경제학	A. 푸르상 / 이은민	8,000원
26 부르디외 사회학 입문	P. 보네위츠 / 문경자	7,000원
27 돈은 하늘에서 떨어지지 않는다	K. 아른트 / 유영미	6,000원
28 상상력의 세계사	R. 보이아 / 김웅권	9,000원
29 지식을 교환하는 새로운 기술	A. 벵토릴라 外 / 김혜경	6,000원
30 니체 읽기	R. 비어즈워스 / 김웅권	6,000원
31 노동, 교환, 기술 ― 주제별 논술	B. 데코사 / 신은영	6,000원
32 미국만들기	R. 로티 / 임옥희	10,000원
33 연극의 이해	A. 쿠프리 / 장혜영	8,000원
34 라틴문학의 이해	J. 가야르 / 김교신	8,000원
35 여성적 가치의 선택	FORESEEN연구소 / 문신원	7,000원
36 동양과 서양 사이	L. 이리가라이 / 이은민	7,000원
37 영화와 문학	R. 리처드슨 / 이형식	8,000원
38 분류하기의 유혹 ― 생각하기와 조직하기	G. 비뇨 / 임기대	7,000원
39 사실주의 문학의 이해	G. 라루 / 조성애	8,000원
40 윤리학 ― 악에 대한 의식에 관하여	A. 바디우 / 이종영	7,000원
41 흙과 재 〔소설〕	A. 라히미 / 김주경	6,000원

84	조와(弔蛙)	金教臣 / 노치준·민혜숙	8,000원
85	역사적 관점에서 본 시네마	J. -L. 뢰트라 / 곽노경	8,000원
86	욕망에 대하여	M. 슈벨 / 서민원	8,000원
87	산다는 것의 의미·1—여분의 행복	P. 쌍소 / 김주경	7,000원
88	철학 연습	M. 아롱델-로오 / 최은영	8,000원
89	삶의 기쁨들	D. 노게 / 이은민	6,000원
90	이탈리아영화사	L. 스키파노 / 이주현	8,000원
91	한국문화론	趙興胤	10,000원
92	현대연극미학	M. -A. 샤르보니에 / 홍지화	8,000원
93	느리게 산다는 것의 의미·2	P. 쌍소 / 김주경	7,000원
94	진정한 모럴은 모럴을 비웃는다	A. 에슈고엔 / 김웅권	8,000원
95	한국종교문화론	趙興胤	10,000원
96	근원적 열정	L. 이리가라이 / 박정오	9,000원
97	라캉, 주체 개념의 형성	B. 오질비 / 김 석	9,000원
98	미국식 사회 모델	J. 바이스 / 김종명	7,000원
99	소쉬르와 언어과학	P. 가데 / 김용숙·임정혜	10,000원
100	철학적 기본 개념	R. 페르버 / 조국현	8,000원
101	철학자들의 동물원	A. L. 브라-쇼파르 / 문신원	근간
102	글렌 굴드, 피아노 솔로	M. 슈나이더 / 이창실	7,000원
103	문학비평에서의 실험	C. S. 루이스 / 허 종	8,000원
104	코뿔소 〔희곡〕	E. 이오네스코 / 박형섭	8,000원
105	지각—감각에 관하여	R. 바르바라 / 공정아	7,000원
106	철학이란 무엇인가	E. 크레이그 / 최생열	근간
107	경제, 거대한 사탄인가?	P. -N. 지로 / 김교신	7,000원
108	딸에게 들려 주는 작은 철학	R. 시몬 셰퍼 / 안상원	7,000원
109	도덕에 관한 에세이	C. 로슈·J. -J. 바레르 / 고수현	6,000원
110	프랑스 고전비극	B. 클레망 / 송민숙	8,000원
111	고전수사학	G. 위딩 / 박성철	10,000원
112	유토피아	T. 파코 / 조성애	7,000원
113	쥐비알	A. 자르댕 / 김남주	7,000원
114	증오의 모호한 대상	J. 아순 / 김승철	8,000원
115	개인—주체철학에 대한 고찰	A. 르노 / 장정아	7,000원
116	이슬람이란 무엇인가	M. 루스벤 / 최생열	8,000원
117	테러리즘의 정신	J. 보드리야르 / 배영달	8,000원
118	역사란 무엇인가	존 H. 아널드 / 최생열	8,000원
119	느리게 산다는 것의 의미·3	P. 쌍소 / 김주경	7,000원
120	문학과 정치 사상	P. 페티티에 / 이종민	8,000원
121	가장 아름다운 하나님 이야기	A. 보테르 外 / 주태환	8,000원
122	시민 교육	P. 카니베즈 / 박주원	9,000원
123	스페인영화사	J.- C. 스갱 / 정동섭	8,000원
124	인터넷상에서—행동하는 지성	H. L. 드레퓌스 / 정혜욱	9,000원
125	내 몸의 신비—세상에서 가장 큰 기적	A. 지오르당 / 이규식	7,000원

10	중국예술정신	徐復觀 / 權德周 外	24,000원
11	中國古代書史	錢存訓 / 金允子	14,000원
12	이미지 — 시각과 미디어	J. 버거 / 편집부	12,000원
13	연극의 역사	P. 하트놀 / 沈雨晟	12,000원
14	詩 論	朱光潛 / 鄭相泓	22,000원
15	탄트라	A. 무케르지 / 金龜山	16,000원
16	조선민족무용기본	최승희	15,000원
17	몽고문화사	D. 마이달 / 金龜山	8,000원
18	신화 미술 제사	張光直 / 李 徹	10,000원
19	아시아 무용의 인류학	宮尾慈良 / 沈雨晟	20,000원
20	아시아 민족음악순례	藤井知昭 / 沈雨晟	5,000원
21	華夏美學	李澤厚 / 權 瑚	15,000원
22	道	張立文 / 權 瑚	18,000원
23	朝鮮의 占卜과 豫言	村山智順 / 金禧慶	15,000원
24	원시미술	L. 아담 / 金仁煥	16,000원
25	朝鮮民俗誌	秋葉隆 / 沈雨晟	12,000원
26	神話의 이미지	J. 캠벨 / 扈承喜	근간
27	原始佛敎	中村元 / 鄭泰爀	8,000원
28	朝鮮女俗考	李能和 / 金尙憶	24,000원
29	朝鮮解語花史(조선기생사)	李能和 / 李在崑	25,000원
30	조선창극사	鄭魯湜	17,000원
31	동양회화미학	崔炳植	18,000원
32	性과 결혼의 민족학	和田正平 / 沈雨晟	9,000원
33	農漁俗談辭典	宋在璇	12,000원
34	朝鮮의 鬼神	村山智順 / 金禧慶	12,000원
35	道敎와 中國文化	葛兆光 / 沈揆昊	15,000원
36	禪宗과 中國文化	葛兆光 / 鄭相泓 · 任炳權	8,000원
37	오페라의 역사	L. 오레이 / 류연희	18,000원
38	인도종교미술	A. 무케르지 / 崔炳植	14,000원
39	힌두교의 그림언어	안넬리제 外 / 全在星	9,000원
40	중국고대사회	許進雄 / 洪 熹	30,000원
41	중국문화개론	李宗桂 / 李宰碩	23,000원
42	龍鳳文化源流	王大有 / 林東錫	25,000원
43	甲骨學通論	王宇信 / 李宰碩	근간
44	朝鮮巫俗考	李能和 / 李在崑	20,000원
45	미술과 페미니즘	N. 부루드 外 / 扈承喜	9,000원
46	아프리카미술	P. 윌레뜨 / 崔炳植	절판
47	美의 歷程	李澤厚 / 尹壽榮	28,000원
48	曼茶羅의 神들	立川武藏 / 金龜山	19,000원
49	朝鮮歲時記	洪錫謨 外/李錫浩	30,000원
50	하 상	蘇曉康 外 / 洪 熹	절판
51	武藝圖譜通志 實技解題	正 祖 / 沈雨晟 · 金光錫	15,000원

52	古文字學 첫걸음	李學勤 / 河永三	14,000원
53	體育美學	胡小明 / 閔永淑	10,000원
54	아시아 美術의 再發見	崔炳植	9,000원
55	曆과 占의 科學	永田久 / 沈雨晟	8,000원
56	中國小學史	胡奇光 / 李宰碩	20,000원
57	中國甲骨學史	吳浩坤 外 / 梁東淑	35,000원
58	꿈의 철학	劉文英 / 河永三	22,000원
59	女神들의 인도	立川武藏 / 金龜山	19,000원
60	性의 역사	J. L. 플랑드렝 / 편집부	18,000원
61	쉬르섹슈얼리티	W. 챠드윅 / 편집부	10,000원
62	여성속담사전	宋在璇	18,000원
63	박재서희곡선	朴栽緒	10,000원
64	東北民族源流	孫進己 / 林東錫	13,000원
65	朝鮮巫俗의 硏究(상·하)	赤松智城·秋葉隆 / 沈雨晟	28,000원
66	中國文學 속의 孤獨感	斯波六郎 / 尹壽榮	8,000원
67	한국사회주의 연극운동사	李康列	8,000원
68	스포츠인류학	K. 블랑챠드 外 / 박기동 外	12,000원
69	리조복식도감	리팔찬	20,000원
70	娼 婦	A. 꼬르벵 / 李宗旼	22,000원
71	조선민요연구	高晶玉	30,000원
72	楚文化史	張正明 / 南宗鎭	26,000원
73	시간, 욕망, 그리고 공포	A. 코르뱅 / 변기찬	18,000원
74	本國劍	金光錫	40,000원
75	노트와 반노트	E. 이오네스코 / 박형섭	20,000원
76	朝鮮美術史硏究	尹喜淳	7,000원
77	拳法要訣	金光錫	30,000원
78	艸衣選集	艸衣意恂 / 林鍾旭	20,000원
79	漢語音韻學講義	董少文 / 林東錫	10,000원
80	이오네스코 연극미학	C. 위베르 / 박형섭	9,000원
81	중국문자훈고학사전	全廣鎭 편역	23,000원
82	상말속담사전	宋在璇	10,000원
83	書法論叢	沈尹默 / 郭魯鳳	8,000원
84	침실의 문화사	P. 디비 / 편집부	9,000원
85	禮의 精神	柳肅 / 洪熹	20,000원
86	조선공예개관	沈雨晟 편역	30,000원
87	性愛의 社會史	J. 솔레 / 李宗旼	18,000원
88	러시아미술사	A. I 조토프 / 이건수	22,000원
89	中國書藝論文選	郭魯鳳 選譯	25,000원
90	朝鮮美術史	關野貞 / 沈雨晟	근간
91	美術版 탄트라	P. 로슨 / 편집부	8,000원
92	군달리니	A. 무케르지 / 편집부	9,000원
93	카마수트라	바짜야나 / 鄭泰爀	18,000원

94	중국언어학총론	J. 노먼 / 全廣鎭	18,000원
95	運氣學說	任應秋 / 李宰碩	15,000원
96	동물속담사전	宋在璇	20,000원
97	자본주의의 아비투스	P. 부르디외 / 최종철	10,000원
98	宗敎學入門	F. 막스 뮐러 / 金龜山	10,000원
99	변 화	P. 바츨라빅크 外 / 박인철	10,000원
100	우리나라 민속놀이	沈雨晟	15,000원
101	歌訣(중국역대명언경구집)	李宰碩 편역	20,000원
102	아니마와 아니무스	A. 융 / 박해순	8,000원
103	나, 너, 우리	L. 이리가라이 / 박정오	12,000원
104	베케트연극론	M. 푸크레 / 박형섭	8,000원
105	포르노그래피	A. 드워킨 / 유혜련	12,000원
106	셸 링	M. 하이데거 / 최상욱	12,000원
107	프랑수아 비용	宋 勉	18,000원
108	중국서예 80제	郭魯鳳 편역	16,000원
109	性과 미디어	W. B. 키 / 박해순	12,000원
110	中國正史朝鮮列國傳(전2권)	金聲九 편역	120,000원
111	질병의 기원	T. 매큐언 / 서 일 · 박종연	12,000원
112	과학과 젠더	E. F. 켈러 / 민경숙 · 이현주	10,000원
113	물질문명 · 경제 · 자본주의	F. 브로델 / 이문숙 外	절판
114	이탈리아인 태고의 지혜	G. 비코 / 李源斗	8,000원
115	中國武俠史	陳 山 / 姜鳳求	18,000원
116	공포의 권력	J. 크리스테바 / 서민원	23,000원
117	주색잡기속담사전	宋在璇	15,000원
118	죽음 앞에 선 인간(상 · 하)	P. 아리에스 / 劉仙子	각권 8,000원
119	철학에 대하여	L. 알튀세르 / 서관모 · 백승욱	12,000원
120	다른 곳	J. 데리다 / 김다은 · 이혜지	10,000원
121	문학비평방법론	D. 베르제 外 / 민혜숙	12,000원
122	자기의 테크놀로지	M. 푸코 / 이희원	16,000원
123	새로운 학문	G. 비코 / 李源斗	22,000원
124	천재와 광기	P. 브르노 / 김웅권	13,000원
125	중국은사문화	馬 華 · 陳正宏 / 강경범 · 천현경	12,000원
126	푸코와 페미니즘	C. 라마자노글루 外 / 최 영 外	16,000원
127	역사주의	P. 해밀턴 / 임옥희	12,000원
128	中國書藝美學	宋 民 / 郭魯鳳	16,000원
129	죽음의 역사	P. 아리에스 / 이종민	18,000원
130	돈속담사전	宋在璇 편	15,000원
131	동양극장과 연극인들	김영무	15,000원
132	生育神과 性巫術	宋兆麟 / 洪 熹	20,000원
133	미학의 핵심	M. M. 이턴 / 유호전	20,000원
134	전사와 농민	J. 뒤비 / 최생열	18,000원
135	여성의 상태	N. 에니크 / 서민원	22,000원

136 중세의 지식인들	J. 르 고프 / 최애리	18,000원
137 구조주의의 역사(전4권)	F. 도스 / 김웅권 外 Ⅰ·Ⅱ·Ⅳ 15,000원 / Ⅲ	18,000원
138 글쓰기의 문제해결전략	L. 플라워 / 원진숙·황정현	20,000원
139 음식속담사전	宋在璇 편	16,000원
140 고전수필개론	權 瑚	16,000원
141 예술의 규칙	P. 부르디외 / 하태환	23,000원
142 "사회를 보호해야 한다"	M. 푸코 / 박정자	20,000원
143 페미니즘사전	L. 터틀 / 호승희·유혜련	26,000원
144 여성심벌사전	B. G. 워커 / 정소영	근간
145 모데르니테 모데르니테	H. 메쇼닉 / 김다은	20,000원
146 눈물의 역사	A. 뱅상뷔포 / 이자경	18,000원
147 모더니티입문	H. 르페브르 / 이종민	24,000원
148 재생산	P. 부르디외 / 이상호	18,000원
149 종교철학의 핵심	W. J. 웨인라이트 / 김희수	18,000원
150 기호와 몽상	A. 시몽 / 박형섭	22,000원
151 융분석비평사전	A. 새뮤얼 外 / 민혜숙	16,000원
152 운보 김기창 예술론연구	최병식	14,000원
153 시적 언어의 혁명	J. 크리스테바 / 김인환	20,000원
154 예술의 위기	Y. 미쇼 / 하태환	15,000원
155 프랑스사회사	G. 뒤프 / 박 단	16,000원
156 중국문예심리학사	劉偉林 / 沈揆昊	30,000원
157 무지카 프라티카	M. 캐넌 / 김혜중	25,000원
158 불교산책	鄭泰爀	20,000원
159 인간과 죽음	E. 모랭 / 김명숙	23,000원
160 地中海(전5권)	F. 브로델 / 李宗旼	근간
161 漢語文字學史	黃德實·陳秉新 / 河永三	24,000원
162 글쓰기와 차이	J. 데리다 / 남수인	28,000원
163 朝鮮神事誌	李能和 / 李在崑	근간
164 영국제국주의	S. C. 스미스 / 이태숙·김종원	16,000원
165 영화서술학	A. 고드로·F. 조스트 / 송지연	17,000원
166 美學辭典	사사키 겡이치 / 민주식	22,000원
167 하나이지 않은 성	L. 이리가라이 / 이은민	18,000원
168 中國歷代書論	郭魯鳳 譯註	25,000원
169 요가수트라	鄭泰爀	15,000원
170 비정상인들	M. 푸코 / 박정자	25,000원
171 미친 진실	J. 크리스테바 外 / 서민원	25,000원
172 디스탱숑(상·하)	P. 부르디외 / 이종민	근간
173 세계의 비참(전3권)	P. 부르디외 外 / 김주경	각권 26,000원
174 수묵의 사상과 역사	崔炳植	근간
175 파스칼적 명상	P. 부르디외 / 김웅권	22,000원
176 지방의 계몽주의	D. 로슈 / 주명철	30,000원
177 이혼의 역사	R. 필립스 / 박범수	25,000원

【기 타】